하나님 마음에 꼭 드는 사람

### 하나님 마음에 꼭 드는 사람

지은이 | 한기홍
초판 발행 | 2018. 5. 2
4쇄 발행 | 2019. 3. 5
등록번호 | 제1988-000080호
등록된 곳 | 서울특별시 용산구 서빙고로 65길 38
발행처 | 사단법인 두란노서원
영업부 | 2078-3333  FAX | 080-749-3705
출판부 | 2078-3331

책 값은 뒤표지에 있습니다.
ISBN 978-89-531-3144-6 03230

독자의 의견을 기다립니다.
tpress@duranno.com    http://www.Duranno.com

두란노서원은 바울 사도가 3차 전도여행 때 에베소에서 성령 받은 제자들을 따로 세워 하나님의 말씀으로 양육하던 장소입니다. 사도행전 19장 8-20절의 정신에 따라 첫째 목회자를 돕는 사역과 평신도를 훈련시키는 사역, 둘째 세계선교(TIM)와 문서선교(단행본·잡지) 사역, 셋째 예수문화 및 경배와 찬양 사역, 그리고 가정·상담 사역 등을 감당하고 있습니다. 1980년 12월 22일에 창립된 두란노서원은 주님 오실 때까지 이 사역들을 계속할 것입니다.

중심을
하나님께
드리는
삶의 기쁨

# 하나님 마음에

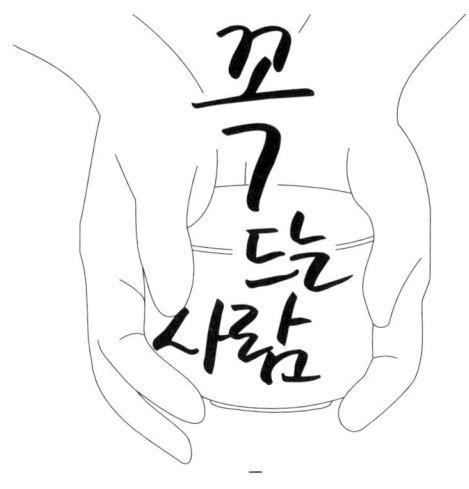
꼭 드는 사람

한기홍 지음

두란노

# Contents

프롤로그 6

## 1부_ 하나님이 주목하시는 사람이 있다

1장 —— 인생 성공의 비결 15

2장 —— 성공하는 신앙생활 21

3장 —— 배움과 받음의 법칙 27

4장 —— 다윗이 받은 복 41

5장 —— 하나님이 주목하시는 사람 53

6장 —— 중심을 보시는 하나님 66

7장 —— 하나님께 중심을 드리는 사람 80

## 2부_ 다윗에게서 배우다

- 8장 —— 고통스러울 때 찬양하라 99
- 9장 —— 생명을 걸고 충성하라 109
- 10장 —— 말씀이 인생을 책임진다 121
- 11장 —— 후회하지 말고 회개하라 137
- 12장 —— 위로부터 오는 평안 146
- 13장 —— 성전 사랑이 곧 하나님 사랑 154
- 14장 —— 하나님의 선하심을 믿으라 160
- 15장 —— 하나님이 기뻐하시는 의리와 관용 171
- 16장 —— 대답하기를 기뻐하시는 하나님 181
- 17장 —— 신본주의 신앙을 가지라 190
- 18장 —— 입술의 고백대로 이뤄 주신다 201
- 19장 —— 그의 이름을 높이는 자와 함께하시는 하나님 212
- 20장 —— 경건에 이르는 연습 228

에필로그 237

## 프롤로그

성경에서의 성공은 세상의 성공과 기준이 다릅니다. 세상에서는 자신의 뜻하는 바가 이루어지는 것을 성공이라고 합니다. 그러나 성경의 성공은 자신의 생애에 하나님의 뜻이 이루어져서 주님께 영광 돌리는 삶을 의미합니다. 진정한 성공은 하나님이 함께하시는 삶을 사는 것입니다.

성경에서 성공한 삶의 모델은 다윗입니다.

> 다윗을 왕으로 세우시고 증언하여 이르시되 내가 이새의 아들 다윗을 만나니 내 마음에 맞는 사람이라 내 뜻을 다 이루리라 행 13:22

다윗의 생애에는 많은 시험과 환난이 있었습니다. 그러나 집안에서도 천대받던 목동이 왕이 되는 기적이 일어났습니다. 하나님이 이스라엘의 모든 왕 가운데 가장 위대한 왕으로 인정해 주시고, "하나님 마음에 맞는 사람이라고"까지 칭찬해 주셨습니다. 하나님은 다윗을 후세의 모든 왕들의 모델로 세우시고, 다른 왕들을 평가하시는 기준으로 삼으셨습니다.

> 다윗의 모든 행위와 같이 여호와께서 보시기에 정직하게 행하여
> 왕하 18:3

> 여호와 보시기에 정직하게 행하여 그의 조상 다윗의 길로 걸으며…
> 대하 34:2

예수님이 육신의 몸으로 이땅에 오실 때도 다윗의 자손임을 분명하게 밝히셨습니다.

> 아브라함과 다윗의 자손 예수 그리스도의 계보라 마1:1

이처럼 하나님께 인정받는 인생이 되는 일은 참으로 놀라운 축복입니다.

저는 예수를 믿고 신앙생활을 시작하면서 다윗의 삶이 궁금해졌습니다. 신앙생활의 궁극적인 목적은 하나님을 기쁘시게 하는 삶을 사는 것인데, 어떻게 다윗은 하나님의 마음에 꼭 드는 사람이 되어서 하나님과 동행하는 은혜를 누리며 살 수 있었을까요?

천지만물을 창조하시고 인간의 생사화복을 주장하시는 전능하신 하나님께 인정받는 인생이 된다면 진짜 성공하는 인생이라는 생각에 다윗을 더욱 사모하고 궁금해 하기 시작했습니다. '평범한 집안, 평범한 직업을 가진 다윗이 어떻게 많은 시험과 환난 끝에 하나님 마음에 꼭 드는 사람이 되어 그의 생애가 하나님께 영광을 돌리는 인생이 될 수 있었을까' 하고 생각했던 것입니다.

제가 예수를 믿고 가장 욕심이 생겼던 부분은 하나님의 마음에 꼭 드는 사람이 되어서 하나님께 인정받는 인생이 되는 것입니다. 그런데 성경에서 하나님이 다윗을 향하여 "내 마음에 맞는 사람이라 내 뜻을 다 이루리라"(행 13:22)고 하시면서 그의 생애를 축복하신 말씀을 보며 다윗을 연구하고 싶다는 마음을 갖게 되었습니다. 그때부터 작정하고 기도하면서 다윗의 일생을 읽고 묵상하며 연구하기 시작하였습니다.

성공과 실패에는 각각 이유가 있습니다. 하나님의 마음과 뜻을 깨닫기 위하여 금식하며 성경을 통하여 깨달은 것들을 기도하면서 정리하기 시작하였습니다.

이 책은 제 자신이 다윗처럼 하나님 마음에 꼭 드는 사람이 되려고 깨달은 말씀을 제 삶 속에서 실천해 온 것을 정리한 결과입니다. 부족한 제가 복된 사역을 하고 있는 것도 깨달은 말씀을 실천하면서 받은 하나님의 은혜입니다. 다윗에게 역사하신 하나님이 부족한 저의 인생에도 역사하고 계신 것입니다.

말씀을 통하여 깨달은 원리들을 제 삶 속에 적용하였을 때 경험한 너무도 놀라운 하나님의 은혜를 나누고 싶었습니다. 이 책을 통하여 제가 받은 은혜가 책을 읽는 모든 분들에게 그대로 전달되기를 기도합니다.

우리가 가진 마음이 그대로 인생이 됩니다.

대저 그 마음의 생각이 어떠하면 그 위인도 그러한즉… 잠 23:7

하나님 마음에 꼭 드는 사람이 되려고 애쓰는 부족한 저에게 신앙생활과 목회의 본을 보여주시고, 늘 도전받고 성장할 수 있도록 푯대가 되어주신 김광신 원로목사님 내외분과, 제가 항상 반듯하게 살도록 저의 목회 여정에 늘 함께하며 헌신적으로 내조하는 아내 한현숙 사모, 저희 가정의 열매이자 말씀으로 성장해서 복음을 전하는 동역자가 된 두 아들 사무엘과 민아, 선교와 엘리야와 이레 가정, 제 목회 여정에 빼놓을 수 없는 샌디에이고 갈보리장로교회 성도님들, 저의 기쁨이요 자랑스런 은혜한인교회 성도님들, 아름답게 동역하고 있는 GMI의 귀한 선교사님들과 교역자들께 감사를 드립니다.

아들을 위해 늘 기도하시는 90세가 넘으신 어머니 장병순 권사님과 장모 이윤희 권사님의 사랑은 언제나 큰 힘이 됩니다.

부족한 종을 아껴주시고 믿어주시고 아름답게 동역해

주시는 교계 목사님들과 단체장님들께도 감사하고 싶습니다. 교정 편집을 위해 수고해 주신 은혜한인교회 김재원 목사님과 이창기 목사님 그리고 두란노에 진심으로 감사드립니다.

무엇보다 이 책이 나오기까지 모든 과정에 역사하시고 인도하신 하나님께 모든 영광과 감사를 올려 드립니다.

이 책을 읽으시는 모든 분들이 살아 역사하시는 하나님의 은혜를 경험하고 놀라운 간증이 넘쳐나기를, 하나님의 축복이 교회와 가정 위에 함께 있기를 간절히 축원합니다.

2018년 4월, 미국 플러턴에서
한기홍 목사

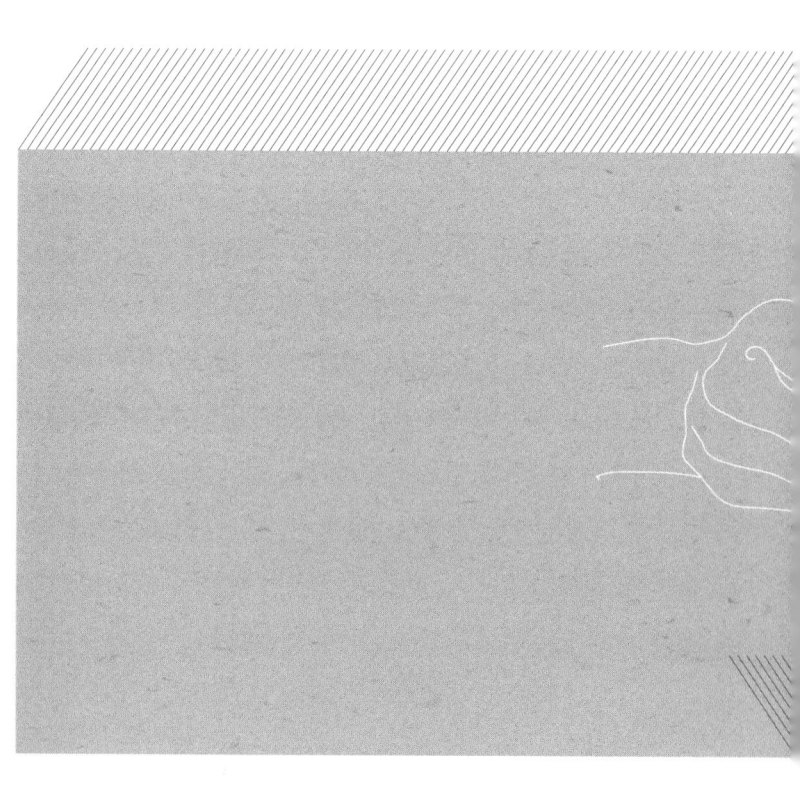

제1부

# 하나님이 주목하시는 사람이 있다

: 하나님의 뜻 알아 가기

# 1장
## : 인생 성공의 비결

사람이 마음으로 자기의 길을 계획할지라도 그의 걸음을 인도하시는
이는 여호와시니라 잠 16:9

사람마다 원하는 성공의 모습은 다릅니다. 성공에 대한 기준도 다릅니다. 돈이 성공의 기준이 되는 사람이 있고, 권력이나 명예, 혹은 사랑이 성공의 기준이 되는 사람도 있습니다. 그러나 그 기준은 달라도 성공에 대한 목마름은 누구에게나 있습니다. 누구나 자신의 인생에서 성공하고 싶어 합니다.

저도 한때 성공한 인생을 살고자 무던히 애를 썼습니다. 저는 훌륭한 정치가가 되고 싶었습니다. 고등학교 때부터 정치가에 대한 꿈을 키웠고 정치가로서 성공하기를 바랐습니다. 미국에 온 이유도 선진 민주주의를 배우지 않고는 탁월한 정치인이 될 수 없다고 생각했기 때문입니다.

그런데 예수님을 영접하고 난 후, 하나님을 떠나서는

결코 인생의 성공을 논할 수 없다는 것을 알게 되었습니다. 인생의 성공은 예수를 믿는 것에서 시작된다는 것을 깨달았습니다. 신학자이자 정치사상가인 라인홀드 니부어(Reinhold Niebuhr)는 "예수를 믿는다는 것은 그리스도 안에서 생의 의미를 발견해 가는 것이다"라고 말했습니다. 인간은 예수 그리스도 안에서만 이 땅을 살아가는 참된 이유를 찾을 수 있다는 의미입니다. 의미 있는 인생, 성공한 인생은 바로 예수 그리스도 안에 있습니다.

하지만 이 사실을 깨달은 후에도 저는 정치가로서 성공하겠다는 생각을 버리지 않았습니다. 도리어 이전보다 성공할 수 있다는 확신을 더욱 분명하게 가졌습니다. 전능하신 하나님, 우리 아버지께서 나와 함께하시면 정치가로서 성공하는 일은 시간문제라고 생각했던 것입니다. 하나님이 사람들에게 '한기홍을 찍어라'는 마음만 주시면 선거운동을 안 해도 당선될 것만 같았습니다. 이런 생각에 한동안 구름 위를 둥둥 떠다니는 것 같았습니다.

그런데 하나님의 뜻은 저의 생각과 전혀 달랐습니다.

말씀을 알수록, 기도를 깊이 할수록 하나님의 뜻은 내 생각과 전혀 다르다는 것을 깨닫게 되었습니다. 나의 꿈은 정치가인데, 나를 향한 하나님의 뜻은 주의 종이 되는 것이었습니다. 참으로 난감했습니다. 고등학교 때부터 품어 온 '정치가'라는 꿈을 포기한다는 것은 보통 힘든 일이 아니었습니다. 기도만 하면 "신학교에 가라"는 음성이 들려왔고, 그러면 저는 하나님께 "제가 왜 신학을 해야 합니까?" 하고 되물었습니다. 한동안은 기도만 하면 울었습니다. 내 육신은 '신학교에 가기 싫다'고 말하는데 내 영은 '하나님의 뜻대로 살게 해 주세요'라고 간구했습니다.

결국 하나님의 뜻에 순종하여 신학교에 갔습니다. 그때 저는 신앙의 연륜이 오래지 않았고 성숙하지도 않았지만 한 가지 사실만은 분명히 깨달았습니다. 하나님의 뜻을 떠나거나 벗어나서는 바른 인생, 성공하는 인생을 살 수 없다는 사실이었습니다. 하나님이 원하시는 대로 '주의 종', '하나님의 대사'로 이 땅을 살아가는 것이 진정한 성공이라고 생각한 것입니다.

인생을 높은 사다리를 오르는 과정이라고 가정해 봅시다. 만약 사다리의 꼭대기까지 힘들게 올라갔는데 그 사다리가 내가 가려던 벽이 아니라 다른 벽에 놓인 것임을 알게 된다면 이 얼마나 낭패겠습니까? 오직 한 번뿐인 인생을 잘못 살았다는 것을 말년에 깨닫는다면 이 얼마나 비극이겠습니까? 그런 낭패를 당하지 않기 위해서는 인생이라는 사다리를 올라가기 전에 먼저 사다리가 바른 벽에 놓였는가를 확인해야 합니다.

무슨 일을 하고 또 얼마만큼 큰일을 하는가는 더 이상 중요하지 않습니다. 단지 하나님의 뜻을 얼마나 알고, 그 뜻을 이루어 드렸느냐가 인생의 성공을 판단하는 척도입니다. 그러므로 매사를 계획하고 실행해 나갈 때 그것이 하나님의 뜻에 합하느냐 그렇지 않느냐를 깊이 생각해 보아야 합니다. 나를 향하신 하나님의 뜻이라는 바른 벽에 사다리를 놓고, 가는 길을 그분 앞에 내어 맡기고 사는 것이 지혜 중의 지혜입니다.

이렇게 달라진 성공에 대한 기준이 오늘날 제가 목회

자로 살게 된 첫걸음입니다.

> 사람의 마음에는 많은 계획이 있어도 오직 여호와의 뜻만이 완전히 서리라 잠 19:21

하나님의 뜻을 아는 것이 인생 최고의 지식이며, 하나님의 뜻대로 행하는 것이 인생 최고의 성공이며 축복입니다.

# 2장
## : 성공하는 신앙생활

존귀한 자는 존귀한 일을 계획하나니 그는 항상 존귀한 일에 서리라

사 32:8

예수를 믿는 사람이 인생에 성공하려면 무엇보다도 먼저 신앙생활에 성공해야 합니다. 만물과 인생을 주관 하시는 하나님 앞에 바른 믿음과 순종으로 신앙생활에 성공할 때 인생에서도 성공할 수 있습니다.

그러면 신앙생활에 성공한다는 것은 무슨 뜻일까요? 여러 가지로 이야기할 수 있지만, 저는 '하나님의 마음에 꼭 드는 사람이 되는 것'이라고 정의하고 싶습니다.

예수를 구주로 영접한 후 늘 마음속에 묵상한 한 가지가 있습니다. '어떻게 하면 하나님의 마음에 꼭 드는 사람이 될 수 있는가?'입니다. '하나님의 마음에 꼭 드는 사람'이란, 하나님이 좋아하시는 사람, 하나님이 인정하시는 사람을 말합니다. 신앙생활에서 하나님의 인정을 받는 것보다 더 큰 성공은 없을 것입니다.

세상에서 인정받는 것도 큰 성공인데 하나님께 인정받는 것은 말해야 무엇 하겠습니까? 세상의 인정은 잠깐이지만 하나님의 인정은 영원한 삶과 관계있습니다.

미국 몬태나주의 주지사였던 존 애런슨(J. Hugo Aronson)은 열여덟 살이 되던 해에 고향인 스웨덴을 떠나 단신으로 미국으로 왔습니다. 막상 미국에 왔으나 갈 곳이 없던 그는 무작정 서부로 향하는 화물열차에 무임승차를 했지만, 몬태나주 컬럼버스에 기차가 도착했을 때 열차 승무원에게 발각되어 쫓겨났습니다.

그는 혼자 터덜터덜 걷다가 근처 옐로스톤 강둑에 앉아 흐르는 물을 하염없이 바라보았습니다. 자신의 신세가 울적하고 처량해서 저절로 한숨이 나왔습니다. 어찌할 바를 모르고 있을 때 성경 구절 하나가 떠올랐습니다. 어릴 때 주일학교에서 배우고 암송하던 말씀이었습니다.

나는 선한 싸움을 싸우고 나의 달려갈 길을 마치고 믿음을 지켰으니 이제 후로는 나를 위하여 의의 면류관이 예비되었으므로 주 곧 의로우신 재판장이 그날에 내게 주실 것이며 내게만 아니라 주의 나타나심을 사모하는 모든 자에게도니라 딤후 4:7-8

애런슨은 과연 자신이 선한 싸움을 다 싸우고 달려가야 할 길을 다 달렸는지 스스로 물어보았습니다. 대답은 '그렇지 않다'였습니다. 그래서 그는 다시금 마음을 다잡고 굳은 결심을 했습니다. 무엇보다도 의로운 재판장이신 하나님께 인정을 받고, 주민들의 마음을 얻기 위하여 온 힘을 다해서 몬태나주 컬럼버스에 정착하기로 말입니다. 그리고 30년 뒤 그는 몬태나주의 주지사가 되었습니다. 뿐만 아니라 직무를 훌륭히 수행해서 미국 역사상 손에 꼽히는 주지사로 명성을 떨쳤습니다.

### 하나님의 마음에 꼭 드는 사람이 되려면

누구나 성공한 인생을 살고 싶어 하지만, 실제로 자신

이 그리던 성공한 인생을 사는 사람은 소수에 불과합니다. 마찬가지로 크리스천이라면 누구나 하나님의 마음에 꼭 드는 신앙생활을 하고 싶어 하지만, 그렇게 사는 사람은 극히 드뭅니다.

사실 사랑하는 이의 마음에 드는 사람, 부모의 마음에 드는 사람, 직장상사의 마음에 드는 사람이 되는 것도 쉽지 않습니다. 하물며 하나님의 마음에 드는 사람이 되는 것은 얼마나 힘든 일이겠습니까?

과연 어떻게 해야 하나님의 마음에 꼭 드는 사람이 될 수 있을까요? 감사하게도 성경에는 우리를 창조하신 하나님이 직접 제시하신 인생을 사는 지혜와 원리가 가득합니다. 영어로 성경을 'Canon'이라고도 하는데, 이는 '잣대'라는 뜻입니다. 성경은 하나님이 인생사의 옳고 그름을 정해주신 '모든 것'의 잣대입니다.

성경을 기준으로 삼고 살 때, 우리는 분명한 해답을 얻을 수 있습니다. 왜냐하면 하나님은 우주만물을 창조하셨고, 모든 것을 다 아시는 완벽한 지혜자이기 때문입니다.

하나님은 어제나 오늘이나 변함없이 그 원리들을 가지고 일하십니다. 만일 우리가 그 지혜와 원리를 발견하고 좇아갈 수만 있다면, 하나님은 지금 이 시대의 우리에게도 동일하게 성경이 말하는 축복의 삶을 허락하실 것입니다.

우리가 '하나님의 마음에 꼭 드는' 사람이 되기 원한다면, 성경에서 '하나님의 마음에 꼭 드는 사람'이라 유일하게 칭함을 받은 다윗을 잘 살펴보아야 합니다. 먼저 다윗이 가지고 있던 하나님의 마음에 꼭 드는 특성과 원리들을 잘 파악해야 합니다. 하나님이 다윗의 어떤 면을 기뻐하셨나, 다윗에게서 원하시는 것이 무엇이었나, 또 다윗의 어떤 면을 사용하셨는가 등을 면밀히 살펴보아야 합니다.

우리는 다윗의 인생을 통하여 하나님이 축복하시는 원리, 일하시는 원리를 알 수 있습니다. 이 원리를 알고 다윗과 같이 하나님의 뜻을 이루어 드릴 때 우리는 성공한 인생, 성공한 신앙의 사람이 될 수 있습니다.

# 3장
## : 배움과 받음의 법칙

너는 배우고 확신한 일에 거하라 딤후 3:14

다윗과 같이 '하나님의 마음에 꼭 드는' 사람으로 성숙하고 변화되기 위해, 우리의 신앙생활에서 반드시 구분해야 하는 중요한 두 가지가 있습니다. 첫째는 사람을 통하여 성경을 배우는 것이요, 둘째는 하나님께 받는 것입니다.

디모데후서 3장 14절은 "너는 배우고 확신한 일에 거하라"고 했습니다. 디모데처럼 우리도 하나님의 말씀을 잘 배워야 합니다. 부지런히 성경을 읽고, 열심히 성경을 연구하고, 사람을 통해서 바르고 확실하게 배워야 합니다. 성경을 잘 알지 못해 믿음의 확신이 없는 사람이 있는가 하면, 덮어 놓고 믿는 사람도 있습니다. 무엇을 믿는지는 모르지만 참 용감한 사람들입니다. 무지에 대해 용감합니다.

### 말씀을 읽고 듣고 배우라

디모데후서 1장 5절에 의하면, 디모데는 어릴 때부터 외할머니 로이스와 어머니 유니게를 통해 말씀을 잘 배우고 전수 받았습니다. 뿐만 아니라 바울에게서 예수 그리스도에 대한 복음의 진리도 철저히 배웠습니다.

장 칼뱅(Jean Calvin)은 "성경을 통하지 않고서는 예수 그리스도를 알 길이 없다"고 했습니다. 바꿔 말하면, 성경으로만 예수님을 확실히 알 수 있다는 것입니다. 우리가 믿는 도리인 예수 그리스도를 바르게 알기 위하여 성경을 배워야만 합니다.

"은을 구하는 것같이 그것을 구하며 감추어진 보배를 찾는 것같이 그것을 찾으면 여호와 경외하기를 깨달으며 하나님을 알게 되리니"(잠 2:4-5)라고 했습니다. 하나님의 말씀은 그 비밀이 깊이 숨겨져 있기에 보화를 찾듯이 찾아야 합니다. 열심히 배워야 하는 것입니다. 그럴 때 우리는 확실하고 흔들리지 않는 믿음의 소유자가 될 수 있습니다.

성경에는 하나님이 우리를 향해 약속하신 수없이 많은

복들이 나와 있습니다. 이것들은 하나님이 약속하신 것이기 때문에 하나님이 반드시 이루실 것입니다.

> 하나님은 사람이 아니시니 거짓말을 하지 않으시고 인생이 아니시니 후회가 없으시도다 어찌 그 말씀하신 바를 행하지 않으시며 하신 말씀을 실행하지 않으시랴 민 23:19

> 너희는 여호와의 책에서 찾아 읽어 보라 이것들 가운데서 빠진 것이 하나도 없고 제 짝이 없는 것이 없으리니 이는 여호와의 입이 이를 명령하셨고 그의 영이 이것들을 모으셨음이라 사 34:16

그렇다면 하나님이 약속하신 복을 누릴 사람은 누구입니까? 요한계시록은 "이 예언의 말씀을 읽는 자와 듣는 자와 그 가운데에 기록한 것을 지키는 자는 복이 있나니"(1:3)라고 했습니다. 하나님의 말씀을 듣고 읽고 배우고 깨달아서, 그 깨달은 말씀을 실천하는 사람이 하나님의 약속된 복을 받을 수 있다는 것입니다. 그래서 시편 기자는 "여호와여 주의 율례들의 도를 내게 가르치소서 내가 끝까지 지키리이다 나로 하여금 깨닫게 하여 주소서 내가 주의 법을 준행하며 전심으로 지키리이다 나로 하여금 주의 계명들의 길로 행하게 하소서 내가 이를 즐거워함이니이다"(119:33-35)라고 고백했습니다.

우리는 마음만 먹으면 여러 매체를 통해서 성경을 듣고 읽고 배울 수 있는 좋은 환경에서 살고 있습니다. 그런데도 크리스천이라면서 성경을 배우기는커녕 듣지도 읽지도 않는 사람이 너무나 많습니다. 어느 기관의 조사에 따르면, 교회에서 직분을 받은 성도들 중 절반 이상이 성경을 한 번도 통독하지 않았다고 합니다. 일주일 동안 성경을 한 번도 보지 않고 교회에 오는 성도도 많다고 합니다.

> 베뢰아에 있는 사람들은 데살로니가에 있는 사람들보다 더 너그러워서 간절한 마음으로 말씀을 받고 이것이 그러한가 하여 날마다 성경을 상고하므로 그중에 믿는 사람이 많고 또 헬라의 귀부인과 남자가 적지 아니하나 행 17:11-12

여기서 '너그럽다'는 말은 외모에서 풍기는 에티켓이나 매너를 말하는 것이 아닙니다. 공동번역은 '마음이 트인 사람들이어서'라고 번역했는데, 이는 '말씀에 대하여 마음이 활짝 열려 있다'는 뜻입니다. "갓난아기들같이 순전하고 신령한 젖을 사모"(벧전 2:2)하여 하나님의 진리를 알고자 하는 자세를 말합니다. 말씀을 배우고자 하는 순수한 열정을 뜻하는 것입니다. 당시 베뢰아 교인들은 기독교의 도를 무작정 받아들이기보다 정확하고 참된 진리를 간절히 알고자 하여 날마다, 부지런히, 깊이 성경을 탐구했습니다. 그래서 '믿는 사람이 많고…', 즉 믿음의 확신을 갖게 되었습니다.

### 반드시 위로부터 받을 것이 있다

신앙생활에서 말씀을 배우는 것은 매우 중요합니다. 그러나 성경에서 배우는 것만으로는 충분하지 않습니다. 무엇보다 중요한 것은 하나님께 은혜를 받는 것입니다.

> 보라 지금은 은혜 받을 만한 때요 보라 지금은 구원의 날이로다
> **고후 6:2**

'은혜 받을 만한 때', 즉 은혜는 받아야 합니다. 성경에는 은혜를 표현하는 단어가 여럿 있는데, 그중 하나는 '하난'(חנן)입니다. '하난'은 '몸을 굽히다' 또는 '자신을 낮추다'라는 어근에서 나온 단어로, 은혜는 위에서 아래로 내려오는 하향적인 것이기 때문에, 받는 사람의 입장에서 항상 자신을 낮추고 겸손해야 함을 나타냅니다.

은혜를 나타내는 또 다른 단어 중 '카리스'는 '하나님이 우리 인간에게 값없이 주시는 선물'을 뜻합니다. 은혜는 분명히 하나님이 주시는 선물입니다. 하나님이 우리에게 은혜를 선물로 주시고, 우리는 하나님의 선물인 은혜를 하나님께 받는 것입니다. 성경에도 은혜를 '하나님의 은혜'(눅 2:40) '주 예수의 은혜'(행 15:11) '그리스도의 은혜'(갈 1:6)라고 표현하고 있습니다. 은혜는 하나님의 것이므로 하나님이 주셔야 받을 수 있습니다.

성령의 은혜도 받는 것입니다. 예수님은 부활하신 뒤 제자들에게 "성령을 받으라"(요 20:22)고 말씀하셨습니다. 승천하시기 전에는 "예루살렘을 떠나지 말고 내게서 들은 바 아버지께서 약속하신 것을 기다리라 요한은 물로 세례를 베풀었으나 너희는 몇 날이 못 되어 성령으로 세례를 받으리라"(행 1:4-5)고 말씀하셨습니다. 아무리 지식이 많아도 하나님이 주시지 않으면 받을 수 없는 것이 성령입니다. 그래서 에베소서는 "술 취하지 말라 이는 방탕한 것이니 오직 성령으로 충만함을 받으라"(5:18)고 권고합니다.

성령의 은사 또한 하나님이 은혜로 주셔서 받는 것이지 배우는 것이 아닙니다. 성경은 성령이 은사를 각 사람에게 나누어 주신다고 했습니다(고전 12:11). 또 "온갖 좋은 은사와 온전한 선물이 다 위로부터 빛들의 아버지께로부터 내려오나니"(약 1:17)라고도 합니다. 은혜도, 성령도, 은사도, 기도 응답도 다 하나님이 주시고, 우리는 위로부터 주시는 것을 받기만 할 뿐입니다. 위로부터 주시는 것은 전적으로 하나님께 주도권이 있습니다.

나는 은혜 베풀 자에게 은혜를 베풀고 긍휼히 여길 자에게 긍휼을 베푸느니라 출 33:19

성경은 이것을 간절히 사모하는 자가 받는다고 합니다.

그가 사모하는 영혼에게 만족을 주시며 주린 영혼에게 좋은 것으로 채워 주심이로다 시 107:9

하나님이여 사슴이 시냇물을 찾기에 갈급함같이 내 영혼이 주를 찾기에 갈급하니이다 시 42:1

주를 향하여 손을 펴고 내 영혼이 마른 땅같이 주를 사모하나이다 시 143:6

사도행전 1장도 다락방에 모인 120명이 성령의 은혜를 간절히 사모하여 모두 성령 충만함을 받았다고 기록합니다. 하나님 아버지는 우리에게 온갖 좋은 은사, 온전한 선물을 주십니다.

> 온갖 좋은 은사와 온전한 선물이 다 위로부터 빛들의 아버지께로부터 내려오나니 약 1:17

성경을 배우기 위해 기초반부터 지도자반까지 부지런히 다녀도 위로부터 은혜받은 것이 없으면 그 인격과 성품에 변화가 없습니다. 변화가 없으면 신앙생활이 참 답답합니다. 위로부터 받는 게 있어야 합니다.

열왕기하 2장을 보면, 엘리사는 받는 데 눈을 뜬 사람이었습니다. 다른 선지생도들은 배우는 데만 급급했지만, 그는 엘리야가 위로부터 은혜와 능력을 받아서 사역하는 것을 보았기 때문에, 그것을 사모했고 마침내 엘리야가 받은 영감을 갑절이나 받았습니다. 이 영감을 받고 나서 엘리사가 완전히 달라졌습니다.

다른 선지생도들도 엘리사가 이 영감을 받기 전에는 '너나 나나 마찬가지'라고 생각했으나, 받고 난 뒤에는 그에게 가서 엎드려 존경을 표시했습니다.

예수님의 제자들도 그랬습니다. 베드로는 예수님이 잡히시던 날 밤 세 번씩이나 예수님을 부인했고, 마가는 벗은 몸으로 도망갈 정도로 겁쟁이였습니다. 하지만 이들은 마가의 다락방에서 성령을 받고 나자 완전히 달라졌습니다. 두려워 꽁꽁 걸어 잠근 문을 박차고 나가 "우리가 보고 들은 것을 말하지 아니할 수 없다"(행 4:20)면서 담대하게 복음을 전했습니다.

본래 학문 없는 범인으로 알았던 베드로와 요한이 기탄없이 복음을 전하는 것을 보고 사람들이 이상히 여기며 주께로 돌아왔습니다. 몇 명이 그런 게 아니라 놀랍게도 3천 명, 5천 명이 복음을 받아들이고 주께 돌아왔습니다. 제자들은 성령을 받은 뒤 세상이 감당할 수 없는 용감한 사람들로 변화되어 복음으로 세상을 뒤집어 놓은 것입니다. 아무것도 그들을 막을 수가 없었습니다. 그들은 결국 생명까지도 순교의 제물로 드리는 믿음의 사람으로 완전히 변화되었고, 세계 선교를 감당하는 인물이 되었습니다.

이러므로 우리가 하나님께 끊임없이 감사함은 너희가 우리에게 들은 바 하나님의 말씀을 받을 때에 사람의 말로 받지 아니하고 하나님의 말씀으로 받음이니 진실로 그러하도다 이 말씀이 또한 너희 믿는 자 가운데에서 역사하느니라 살전 2:13

데살로니가 교회 성도들이 말씀을 받는 태도에는 두 단어가 사용되었습니다. "너희가 우리에게 들은 바 하나님의 말씀을 받을 때에"의 '받을 때에'는 '받아들이다, 교제하다, 배우다'를 뜻합니다. 또 "사람의 말로 받지 아니하고 하나님의 말씀으로 받음이니"에서 '받음'은 '영접하다, 취하다'로, '높은 분을 존경하여 겸손히 자신을 낮추어 모셔 들이는 것'을 의미합니다. 즉 사람에게서 배운 말씀을 겸손히 하나님께 받은 말씀으로 모셔 들일 때, 그 말씀이 심령 속에서 살아 역사한다는 뜻입니다. 효력 있게 움직여서 믿는 사람을 변화시킨다는 것입니다.

성경을 통해서 하나님의 말씀에 대한 깨달음을 얻고, 성령의 은혜를 받는 체험은 저의 삶이 성숙하여 변화하는

데에도 크게 작용하였습니다. 특히 성경을 통하여 다윗의 삶을 공부하고 적용하는 일은 제게 큰 축복이었습니다.

> 내가 이새의 아들 다윗을 만나니 내 마음에 맞는 사람이라 내 뜻을 다 이루리라 **행 13:22**

이 말씀은 저에게 엄청난 도전과 충격을 주었습니다. 가슴에 벅찬 감동과 설렘이 밀려왔습니다. 과연 다윗은 어떻게 했기에 하나님께 마음에 합한 사람이란 칭호를 받게 되었을까? 도대체 무엇을 하였기에 하나님이 "그를 통해 나의 뜻을 다 이루겠다"고 하셨을까?

그때부터 저는 다윗을 연구하기 시작했습니다. 성경과 다윗에 관한 책들을 가까이에 두고 늘 읽고 묵상했습니다. 다윗에 대해 잘 알고, 다윗과 같이 하나님의 마음에 꼭 드는 사람만 되면, 나도 다윗처럼 쓰임 받겠구나 하는 믿음 때문이었습니다.

연구하는 데에만 그치지 않았습니다. 사모하는 심령으

로 하나님 앞에 "다윗이 받은 은혜를 내게도 주십시오. 하나님, 받기를 원합니다!" 하고 간절히 부르짖었습니다.

이렇게 간절히 배우고 받으려 하자 하나님은 둔한 저를 깨닫게 하시고, 그 받은 말씀대로 살 수 있도록 은혜를 충만히 부어 주셨습니다.

하나님의 말씀을 대할 때 먼저 잘 배워야 합니다. 그러나 배우는 것으로 끝나선 안 되고, 사모하는 심령으로 "주여, 말씀하옵소서. 종이 듣겠나이다" 하고 하나님이 위로부터 주시는 은혜의 말씀을 구하여 받아야 합니다. 그 은혜를 받아야만 우리의 심령과 인격과 삶이 변화될 수 있습니다. 그럴 때 하나님이 축복하시는 인생, 축복하시는 신앙생활을 할 수 있습니다.

항상 하나님의 말씀을 배우고 확신에 거하며, 하나님이 위로부터 내리시는 은혜를 받아서 승리할 수 있기를 바랍니다. 이 두 가지를 구별할 수 있는 동시에 병행하는 신앙생활을 하기 바랍니다.

# 4장
## : 다윗이 받은 복

다윗이 다메섹 아람에 수비대를 두매 아람 사람이 다윗의 종이 되어
조공을 바치니라 다윗이 어디로 가든지 여호와께서 이기게 하시니라

삼하 8:6

다윗은 성경에서 유일하게 하나님께 '내 마음에 합한 자'라는 칭찬을 받은 사람입니다. 성경의 많은 부분이 다윗의 삶을 묘사하는 데 할애되었습니다. 아브라함에게는 14장, 요셉과 야곱은 11장, 엘리야는 10장이 각각 할애되었는데, 다윗은 이름만 언급된 부분을 제외하고도 무려 66장이나 할애되었습니다. 또 성경에서 다윗만큼 이름이 많이 나오는 사람도 없습니다. 무려 982번이나 나옵니다. '하나님'이란 이름 다음으로 많습니다. 다윗은 '하나님의 사랑을 받는 자'라는 뜻을 가진 이름대로 산 사람입니다.

다윗은 이스라엘의 사랑받는 시인, 재능 있는 음악가, 백성을 잘 다스린 훌륭한 통일왕국의 왕, 용맹스러운 백전백승의 용사로 이스라엘 역사상 가장 뛰어난 사람이라고 해도 과언이 아닐 것입니다. 무엇보다 이스라엘이 고대하고 기다리던 메시아를 가장 많이 닮은 인물로서 예수님의 조상이 되었습니다. 아마도 다윗만큼 하나님의 은혜와 축복을 많이 받은 사람도 별로 없을 것입니다.

### 다윗이 받은 복: 선택

다윗이 하나님께 받은 많은 축복 중 몇 가지를 살펴보면, 첫째, 다윗은 평범한 목동의 신분에서 위대한 왕이 되는 축복을 받았습니다. 하나님은 다윗을 이스라엘을 통일한 가장 위대한 왕으로 세워 주셨습니다. 이스라엘의 초대 왕 사울은 남쪽 베냐민 지파와 몇몇 지파를 다스리는 왕에 불과했지만, 다윗왕은 통일왕국을 이뤘습니다. 다윗은 30세에 왕이 되어 40년을 통치했습니다. 처음 7년 6개월은 남유다 지파의 왕으로, 나중 33년은 통일 이스라엘의 왕으로 통치하였습니다.

전에 곧 사울이 우리의 왕이 되었을 때에도 이스라엘을 거느려 출입하게 하신 분은 왕이시었고 여호와께서도 왕에게 말씀하시기를 네가 내 백성 이스라엘의 목자가 되며 네가 이스라엘의 주권자가 되리라 하셨나이다 하니라 삼하 5:2

온 이스라엘의 장로들이 다윗에게 기름을 부어 다윗을 왕으로 세웠습니다. 다윗은 세 번에 걸쳐 기름 부음을 받았습니다. 첫 번째 기름 부음은 하나님이 일찍이 사무엘을 이새의 집에 보내었을 때였습니다(삼상 16:13). 두 번째는 유다 족속이 다윗에게 기름을 부어 유다 족속의 왕으로 삼았습니다(삼하 2:4). 마지막은 이스라엘 전체가 다윗에게 기름을 부어 이스라엘 왕으로 인정했습니다.

다윗은 이스라엘을 역사상 가장 부강한 나라로 만든 왕입니다. 다윗이 통치하는 동안 나라가 가장 평안했고, 적들이 조공을 바쳤으며, 영토가 가장 넓었습니다. 그런 이유로 이스라엘은 지금까지도 다윗 시대가 다시 도래하기를 꿈꾸고 있습니다.

다윗은 또 이스라엘 왕 중에 하나님이 가장 기뻐하시는 왕이었습니다. 하나님은 남유다의 왕들을 평가하실 때, 다윗을 기준으로 삼았습니다. 다윗같이 행하면 선한 왕이고, 그렇지 않으면 악한 왕으로 구분하셨던 것입니다.

> 아사가 그의 조상 다윗같이 여호와 보시기에 정직하게 행하여 왕상 15:11

> 아하스가 왕이 될 때에 나이가 이십 세라 예루살렘에서 십육 년간 다스렸으나 그의 조상 다윗과 같지 아니하여 그의 하나님 여호와께서 보시기에 정직히 행하지 아니하고 왕하 16:2

> 네가 만일 내 앞에서 행하기를 네 아버지 다윗이 행한 것과 같이 하여 내가 네게 명령한 모든 것을 행하여 내 율례와 법규를 지키면 대하 7:17

뿐만 아니라 하나님이 다윗을 얼마나 사랑하셨던지 이

스라엘을 영원히 다윗과 그 자손에게 주셨습니다.

> 네 집과 네 나라가 내 앞에서 영원히 보전되고 네 왕위가 영원히 견고하리라 하셨다 하라 삼하 7:16

> 이스라엘 하나님 여호와께서 소금 언약으로 이스라엘 나라를 영원히 다윗과 그의 자손에게 주신 것을 너희가 알 것 아니냐 대하 13:5

남유다와 북이스라엘 모두 불신앙의 길로 갔음에도 불구하고, 남유다는 350년 동안 다윗 가문이 왕위를 이어 갑니다. 하지만 200년밖에 되지 않은 북이스라엘은 아홉 번이나 왕조가 바뀝니다. 이스라엘의 남과 북은 왜 이렇게 차이가 나는 것일까요? 성경은 한마디로 다윗 한 사람 때문에 이런 은혜를 베푸신다고 말씀합니다.

> 아비얌이 그의 아버지가 이미 행한 모든 죄를 행하고 그의 마음이 그의 조상 다윗의 마음과 같지 아니하여 그의 하나님 여호와 앞에

온전하지 못하였으나 그의 하나님 여호와께서 다윗을 위하여 예루살렘에서 그에게 등불을 주시되 그의 아들을 세워 뒤를 잇게 하사 예루살렘을 견고하게 하셨으니 왕상 15:3-4

여기서 '다윗을 위하여'라는 말에 주목해야 합니다. 유다 2대 왕이던 아비얌은 '그의 하나님 여호와 앞에 온전하지 못한 자'로서 하나님의 징계를 받아야 마땅했습니다. 그런데 하나님이 신실하지 못한 그 후손들일지라도 다윗을 기억하시고 왕위를 유지하도록 해 주셨습니다.

여호와께서 그의 종 다윗을 위하여 유다 멸하기를 즐겨하지 아니하셨으니 이는 그와 그의 자손에게 항상 등불을 주겠다고 말씀하셨음이더라 왕하 8:19

하나님이 다윗을 사랑하시고 언약을 맺으셨기에, 다윗의 가문이 끊어지지 않고 계승될 수 있었던 것입니다.

### 다윗이 받은 복: 승리

둘째, 다윗은 어디를 가든지 승리하는 축복을 받았습니다. 성경은 "다윗이 어디로 가든지 여호와께서 이기게 하시니라"(삼하 8:6, 14; 대상 18:6, 13)고 기록하고 있습니다. 그를 당할 자가 없었습니다. 그야말로 가는 곳마다 형통하는 복을 받은 것입니다.

블레셋과 모압을 정복한 다윗은 아람, 암몬, 아말렉, 에돔도 무찔렀습니다. 무려 6개 나라와의 전투에서도 계속 승리했습니다. 다윗은 일평생 수많은 전쟁을 치른 군장이었지만 놀랍게도 적과의 전쟁에서 한 번도 패하지 않는 기록을 남겼습니다. 다윗은 전쟁마다 승승장구했습니다.

성경은 다윗이 이렇게 승리할 수 있었던 비결을 "만군의 하나님 여호와께서 함께 계시니 다윗이 점점 강성하여 가니라"(삼하 5:10)고 말씀합니다. 바로 다윗이 잘되는 이유, 다윗이 강해지는 이유, 다윗이 승리하는 이유는 여호와께서 함께하셨기 때문입니다. 다윗의 지혜가 출중해서, 다윗의 재능이 뛰어나서 이긴 것이 아닙니다. 다윗의 군사들이 월등해서 이긴 것도 아닙니다. 하나님이 다윗을 이기게 해 주셨기 때문입니다. 만군의 여호와, 전능하신 하나님이 어떤 어려움과 악한 상황에서도 여호와 닛시, 승리의 하나님으로 다윗과 함께하신 것입니다. 그래서 다윗은 이렇게 고백했습니다.

우리가 하나님을 의지하고 용감하게 행하리니 그는 우리의 대적을 밟으실 이심이로다 시 60:12

우리가 주를 의지하여 우리 대적을 누르고 우리를 치러 일어나는 자를 주의 이름으로 밟으리이다 나는 내 활을 의지하지 아니할 것이라 내 칼이 나를 구원하지 못하리이다 오직 주께서 우리를 우리 원수들에게서 구원하시고 우리를 미워하는 자로 수치를 당하게 하셨나이다 시 44:5-7

## 다윗이 받은 복: 용서

셋째, 다윗은 용서함의 축복을 받았습니다. 용서함을 받는다는 것이 얼마나 큰 축복인지 모릅니다. 사울왕이나 다윗왕이나 죄를 짓는 사람이라는 데에는 차이가 없었습니다. 사울도 하나님 앞에 죄를 지었고 다윗도 죄를 지었습니다. 그러나 사울은 용서함을 받지 못했고 다윗은 용서함을 받았습니다.

사실 인간적인 눈으로 봤을 때 다윗은 사울보다 더 끔찍한 죄를 범한 사람입니다. 밧세바를 탐하여 간음하였고, 후에는 그녀의 남편인 충신 우리아를 전쟁터에 내보내 죽게 만들었습니다. 그럼에도 불구하고 그가 마지막까지 하나님께 쓰임 받을 수 있었던 것은 죄를 죄로 인정하고 회개하므로 하나님의 용서함을 받았기 때문입니다. 다윗 자신도 "허물의 사함을 받고 자신의 죄가 가려진 자는 복이 있도다"(시 32:1)라고 고백했습니다.

회개하지 않아 용서 받지 못한 사울은 하나님께 버림받은 실패한 왕이 되었지만, 용서함을 받은 다윗은 끝까지 하나님께 쓰임 받는 축복의 왕이 될 수 있었습니다. 뿐만 아니라 그의 아들 솔로몬이 잘못했을 때도, 하나님은 다윗으로 인해 솔로몬까지 용서해 주는 축복을 주셨습니다.

### 다윗이 받은 복: 그리스도의 조상

넷째, 예수 그리스도가 다윗의 혈통에서 나오는 축복을 받았습니다. 무엇보다도 다윗이 받은 가장 큰 축복은 다윗의 자손에서 메시아가 출생한 것입니다. "하나님이 약속하신 대로 이 사람의 후손에서 이스라엘을 위하여 구주를 세우셨으니 곧 예수라"(행 13:23)는 말씀대로 다윗을 통하여 예수 그리스도가 오셨습니다.

마태복음도 "아브라함과 다윗의 자손 예수 그리스도의 계보라"(1:1)고 말씀하면서 예수 그리스도가 바로 다윗의 자손임을 강조합니다. 3천여 년 구약의 긴 역사를 통해 예수님의 혈통이 이어져 내려왔음을 언급하면서 이때 아브라함과 다윗만 그 이름을 거론합니다. 다윗은 믿음의 조상 아브라함 다음에 있습니다.

> 그런즉 모든 대 수가 아브라함부터 다윗까지 열네 대요 다윗부터 바벨론으로 사로잡혀 갈 때까지 열네 대요 바벨론으로 사로잡혀 간 후부터 그리스도까지 열네 대더라 마 1:17

구약시대 이스라엘 백성이 그토록 사모하고 기다리던 온 인류의 구세주인 예수 그리스도, 그가 다윗의 혈통에서 나오신 것입니다. 다시 오실 예수 그리스도, 그분도 "나는 다윗의 뿌리요 자손이니"(계 22:16)라고 했습니다. "다윗의 자손 예수여!"라니, 이 얼마나 복된 호칭입니까?

# 5장
## : 하나님이 주목하시는 사람

내가 내 종 다윗을 찾아내어 나의 거룩한 기름을 그에게 부었도다

시 89:20

하나님의 축복을 받은 사람들을 보면 그만한 이유가 있습니다. 그냥 받는 것이 아닙니다. 반드시 이유가 있습니다. 그렇다면 다윗의 어떤 점 때문에 하나님이 그토록 놀라운 축복을 주신 걸까요? 도대체 다윗은 어떤 사람입니까?

### 다윗은 지극히 평범한 사람이었다

다윗은 신분상 지극히 평범한 사람이었습니다. 막내 아들이지만 가족 안에서도 대접을 받지 못하는 별 볼일 없는 사람이었습니다.

하나님이 사울왕을 버리신 뒤 사무엘에게 베들레헴 사람 이새에게 가라고 명령하셨습니다(삼상 16:1). 이새의 아들 중에서 왕을 세우기로 작정하셨기 때문입니다. 사무엘은 하나님의 명령을 따라 이새의 집을 찾았습니다.

첫째 아들 엘리압의 준수한 용모를 보고 사무엘은 한눈에 '하나님이 왕으로 세울 자를 준비해 두셨구나' 하면서 그에게 기름을 부으려 했습니다. 사무엘은 사울왕을 기준으로 엘리압의 용모가 왕이 될 만하다고 생각했을 것입니다. 사울도 그 용모가 준수했고 키가 매우 컸습니다.

> 기스에게 아들이 있으니 그의 이름은 사울이요 준수한 소년이라 이스라엘 자손 중에 그보다 더 준수한 자가 없고 키는 모든 백성보다 어깨 위만큼 더 컸더라 삼상 9:2

하지만 사무엘의 생각과 달리 하나님은 "그의 용모와 키를 보지 말라 내가 이미 그를 버렸노라 내가 보는 것은 사람과 같지 아니하니 사람은 외모를 보거니와 나 여호와는 중심을 보느니라"(삼상 16:7)고 하시면서 엘리압이 하나님이 뜻하신 왕이 아님을 분명히 말씀하셨습니다.

둘째 아들 아비나답도, 셋째 삼마도, 일곱째 아들까지도 하나님은 "이도 여호와께서 택하지 아니하셨느니라"(삼상 16:8-10)고 말씀하셨습니다.

하나님은 이새의 아들에게 기름 부으라고 말씀하셨지만, 일곱째 아들까지도 계속 아니라고만 하셨습니다. 그래서 사무엘이 "네 아들들이 다 여기 있느냐" 하고 묻습니다.

그때까지 이새는 막내 다윗을 사무엘에게 선보일 생각을 하지 않고 있었습니다. 잘난 형들이 있는데 굳이 다윗까지 보일 필요가 없다고 생각한 것입니다.

당시 사무엘은 주의 종으로서 이스라엘 전체에 알려진 사사이자 선지자였습니다. 그런 그가 이새의 집을 방문하여 "내가 여호와께 제사하러 왔으니 스스로 성결하게 하고 와서 나와 함께 제사하자"(삼상 16:5) 하면서 이새와 그의 아들들을 제사에 청하였습니다. 그랬으면 이새는 마땅히 모든 아들을 제사에 참석하도록 해야 했습니다. 그런데 이새는 다윗을 부르지도 않고 들에서 양을 치게 했습니다. 제사에 참석할 자격이 있는 아들로 간주하지도 않은 것입니다. 사무엘이 묻자 이새는 마지못해 이름도 언급하지 않은 채, 막내가 있긴 한데 양을 지키고 있다고 대답합니다.

당시 이스라엘에서는 장자의 권리와 권위가 대단했습니다. 많은 특권과 우선권과 축복권이 장자에게 있었습니다. 다윗은 그런 장자가 아니었습니다. 그렇다고 둘째도 셋째도 아니고, 맨 끝의 여덟째 아들이었습니다. 제일 어리고, 제일 중요하지도 않고, 제일 기대치가 없던 아들이었습니다. 더구나 제일 하찮은 일을 맡는 목동에 불과했습니다. 아버지 이새가 봤을 때 다윗은 제사와 같이 중요한 자리에는 빠져도 되는 대수롭지 않은 아들이었던 것입니다.

사무엘이 다윗을 빨리 데려오라고 명령합니다. 다윗이 오기 전에는 식사 자리에 앉지도 않겠노라고 단호하게 말합니다. 이때 아버지 이새는 어떤 반응을 보였을까요? 아마 무척이나 놀랐을 것입니다. 자신의 눈에 가장 대수롭지 않은 아들을 찾으니 전혀 의외였을 것입니다. 더욱이 사무엘이 기름 뿔병을 가져다가 그의 형제 중에서 막내 다윗에게 부었을 때는 아버지와 그 형들의 마음이 어땠을까요? 너무나 충격적이어서 '아니 이게 도대체 무슨 일인가' 했을 것입니다. 인간적으로 도무지 이해할 수 없었을 것입니다. 그러나 하나님은 가장 못났다고 여겨지던 다윗에게 기름을 부어 왕으로 세우셨습니다.

### 다윗은 너무나 인간적인 사람이었다

다윗은 허물과 실수가 많은 사람이었습니다. 완벽한 사람이 아닙니다. 다윗은 일생 동안 크고 작은 죄를 반복해서 지었습니다. 그는 자신의 허기진 배를 채우기 위해 거짓말을 하고 제사장만 먹는 진설병을 먹었습니다. 그로 인해 아히멜렉을 비롯한 85명의 제사장이 목숨을 잃었습니다.

다윗은 때로 교만하였습니다. 자신의 군사력을 과시하려는 마음으로 인구조사를 하는 죄를 저질렀습니다. 무엇보다도 우리아의 아내를 범하고 이를 무마시키려고 우리아를 격전지로 보내어 죽게 한 무서운 간음죄와 살인죄를 범했습니다. 자식 교육도 잘못 시켰습니다. 그는 신실하지 못한 남편이요, 올바르지 못한 아버지였습니다.

성경을 보면 다윗처럼 인간적인 허물과 실수를 저지른 인물이 많습니다. 우선 노아가 그렇습니다. 노아는 포도주를 마시고 취하여 벗은 채로 잠을 자는 실수를 범하였습니다. 그러나 하나님은 노아를 당대의 의인이라 부르셨습니다.

아브라함도 그렇습니다. 아브라함은 자기 목숨이 위태롭게 되자 아내를 누이동생이라고 속였습니다. 자신이 살고자 아내를 버린 것이나 다름없었습니다. 하지만 그런 아브라함을 하나님은 믿음의 조상이라고 불렀습니다.

모세가 그랬습니다. 모세는 혈기와 의분으로 사람을 죽였습니다. 그래서 그는 40년간 모래 바람이 부는 사막에서 장인의 양을 치는 목동으로 살아야 했습니다. 그러나 하나님은 그런 모세를 이스라엘 백성을 구출하는 위대한 지도자로 부르셨습니다.

이렇게 허물과 실수가 많은 노아, 아브라함, 야곱, 모세, 다윗과 같은 사람을 하나님이 선택하여 사용하신 이유는 다음 구절에 잘 나타나 있습니다.

형제들아 너희를 부르심을 보라 육체를 따라 지혜로운 자가 많지 아니하며 능한 자가 많지 아니하며 문벌 좋은 자가 많지 아니하도다 그러나 하나님께서 세상의 미련한 것들을 택하사 지혜 있는 자들을 부끄럽게 하려 하시고 세상의 약한 것들을 택하사 강한 것들을 부끄럽게 하려 하시며 하나님께서 세상의 천한 것들과 멸시 받는 것들과 없는 것들을 택하사 있는 것들을 폐하려 하시나니 이는 아무 육체도 하나님 앞에서 자랑하지 못하게 하려 하심이라 고전 1:26-29

'육체를 따라'라는 말은 '인간적인 기준에서', '세상적인 관점에서'라는 뜻입니다. 26절의 '지혜로운 자', '능한 자', '문벌 좋은 자'는 각각 '철학자', '정치가', '귀족'을 말합니다. 이 세 가지는 소위 사람을 판단하는 당시의 잣대였습니다. 교양 있고, 힘 있고, 가문 좋은 사람입니다. 이 기준은 고린도인만의 기준이 아니라 동서고금을 막론하고 과거나 현재나 미래에도 크게 벗어나지 않을 것 같습니다. 그러나 하나님은 세상 사람들이 보기에 미련하고, 약하고, 천하고, 멸시 받는 것들과 없는 것들을 택하여 사용하십니다. 하나님은 완벽하게 갖춰진 자를 쓰시지 않습니다. 부족하고 연약해도 하나님의 능력이 임하면 귀한 그릇이 됩니다.

바울에게도 많은 약점이 있었습니다. 육체에 가시가 있었습니다. 구전에 의하면 말도 어눌하고 키도 작았고 얼굴도 못생겼다고 합니다. 사람은 약점을 가진 자를 싫어합니다. 그러나 하나님은 약점을 사용하십니다. 약점을 가진 자는 겸손하기 때문입니다. 나는 할 수 없다고 하는 그들에게 하나님은 능력이 되어 주십니다. 그러므로 내가 가진 허점과 약점은 곧 하나님의 은혜와 능력을 받게 되는 통로가 됩니다. 그런 까닭에 바울은 약한 것을 기뻐한다고 했습니다.

링컨은 미국에서 가장 존경받는 대통령입니다. 그러나 그는 가난한 환경에서 제대로 교육조차 받지 못했습니다. 약 18개월간 여러 명의 순회교사에게 수업을 들은 것이 전부였습니다. 사업도 여러 번 실패했습니다. 정계 진출도 여러 번 실패했습니다. 그의 얼굴 생김새가 화제 거리가 되었을 때도 있었습니다. 링컨의 사진을 본 사람이라면 알

겠지만, 외모가 아주 볼품없습니다. 깡마른 몸과 긴 다리, 얼굴 생김새 때문에 '고릴라'라는 별명을 얻었습니다. 이런 자신의 부족함을 알았던 링컨은 미국의 대통령으로 당선되었을 때 다음과 같이 말했습니다.

"허심탄회하게 말하자면, 저는 대통령으로서 적합하지 못한 인물이라고 생각합니다. 하나님은 자신의 일을 위해 도구를 선택하십니다. 그런데 간혹 그 도구들 가운데에는 보잘것없는 것들이 선택되기도 합니다."

링컨 자신은 보잘것없을지 모르지만, 하나님은 그를 선택하셨습니다. 그리고 노예를 해방시키는 귀한 역사를 이루는 일에 아름답게 사용하셨습니다.

다윗도 마찬가지입니다. 다윗도 우리처럼 평범하고 부족하고 허물 많은 사람이었습니다. 다윗의 인생이 우리에게 은혜가 되고 도전이 되는 이유도 바로 이 때문입니다. 만일 다윗이 특출하고 대단한 인물이었다면, 우리는 그에게서 아무런 도전도 받지 못한 채 '다윗은 특별한 사람이니까'라고 말할 뿐이었을 것입니다. 다윗은 '우리와 같은 성정'의 사람이었음에도 하나님께 인정받고 크게 쓰임 받으므로 축복의 사람이 되었습니다.

### 그럼에도 불구하고 주목하시고

특별한 조건이 없었던 다윗은 그럼에도 불구하고 하나님이 주목하신 사람입니다. 다윗은 부모에게도, 형들에게도, 심지어 사무엘에게까지 인정받지 못하였습니다. 사람들의 눈에는 그야말로 볼품이 없는 꼬마 목동에 불과했습니다. 하지만 하나님의 눈에는 그렇지 않았습니다.

> 내가 너를 베들레헴 사람 이새에게로 보내리니 이는 내가 그의 아들 중에서 한 왕을 보았느니라 삼상 16:1

'보았느니라'는 '특별히 한 사람을 주목하여 자세히 바라보았다'는 뜻입니다. 아무도 관심을 보이지 않던 시골 마을 베들레헴의 평범한 가정의 막내아들 다윗을 하나님은 특별히 주목하여 자세히 바라보셨습니다. 주목하고 자세히 보니 하나님의 마음과 맞는 사람이었습니다. 하나님의 눈에 들었습니다. 인간의 눈에는 보이지 않는 그 무엇이 하나님의 마음에 쏙 들었습니다.

다윗의 최우선은 하나님이었습니다. 다윗은 하나님을 믿었고, 하나님의 이름을 불렀고, 하나님께 기도했습니다. 다윗의 삶에서 가장 크고 중요한 부분은 다윗 자신이 아니라 하나님이었습니다. 하나님이 그것을 아셨습니다.

> 내가 내 종 다윗을 찾아내어 나의 거룩한 기름을 그에게 부었도다
> 시 89:20

> 여호와께서 그의 마음에 맞는 사람을 구하여 여호와께서 그를 그의 백성의 지도자로 삼으셨느니라 삼상 13:14

하나님이 주목하시지 않았다면, 다윗은 한낱 무명의 양치기 목동으로 베들레헴에서 그의 일생을 마쳤을지도

모릅니다. 그러나 다른 모든 사람이 무관심했을지라도 하나님 한 분이 다윗을 인정하시고 기쁘게 받으셨습니다. 그래서 그의 인생은 하잘것없는 목동에서 이스라엘의 왕이 되는 축복된 인생, 존귀케 되는 인생이 되었습니다.

> 그러나 이스라엘 하나님 여호와께서 전에 나를 내 부친의 온 집에서 택하여 영원히 이스라엘 왕이 되게 하셨나니 곧 하나님이 유다 지파를 택하사 머리를 삼으시고 유다의 가문에서 내 부친의 집을 택하시고 내 부친의 아들들 중에서 나를 기뻐하사 온 이스라엘의 왕을 삼으셨느니라 대상 28:4

> 그러므로 이제 내 종 다윗에게 이와 같이 말하라 만군의 여호와께서 이와 같이 말씀하시기를 내가 너를 목장 곧 양을 따르는 데에서 데려다가 내 백성 이스라엘의 주권자로 삼고 네가 가는 모든 곳에서 내가 너와 함께 있어 네 모든 원수를 네 앞에서 멸하였은즉 땅에서 위대한 자들의 이름같이 네 이름을 위대하게 만들어 주리라 삼하 7:8-9

# 6장
## : 중심을 보시는 하나님

여호와께서 사무엘에게 이르시되 그의 용모와 키를 보지 말라 내가 이미
그를 버렸노라 내가 보는 것은 사람과 같지 아니하니 사람은 외모를 보거
니와 나 여호와는 중심을 보느니라 하시더라 삼상 16:7

사람은 다른 사람을 판단할 때 먼저 외모를 봅니다. 사무엘도 이새의 맏아들 엘리압을 보자마자 '야! 인물도 좋고 건장하고… 역시 기름 부음을 받을 자야' 하고 감탄했습니다. 그러나 하나님은 그가 아니라 하셨습니다. 하나님은 사무엘과 달리, 우리와 달리 중심을 보시기 때문입니다.

그렇다면 하나님이 다윗을 특별히 주목하고 마음에 들어 하신 이유는 무엇일까요? 다윗의 어떤 부분이 하나님을 기쁘시게 한 것일까요?

다윗의 인격과 삶이 결코 완벽하지 않았음에도 불구하고 하나님이 그를 기뻐하셔서 왕으로 기름 부으신 것은 한마디로 그의 '중심' 때문이었습니다.

'중심'이란 마음, 정신, 의지, 속사람이라는 뜻입니다.

다윗은 외형적으론 아무에게도 주목받지 못하는 평범한 사람이었지만, 하나님의 안목으로 보았을 때 마음이 신실하게 준비된 사람이었습니다.

하나님의 판단 기준은 외모가 아니라 마음입니다. 하나님은 사람의 마음속 깊은 곳까지 통찰하시며 심장을 살피고 폐부를 시험하시는 분입니다(렘 17:10). 우리 마음 깊은 곳까지 훤히 꿰뚫어 보시기 때문에 결코 겉모양에 속지 않습니다. 우리는 남을 속이고 자기도 속일 수 있어도 하나님을 속일 수는 없습니다.

### 하나님을 좇는 마음

그렇다면 다윗의 중심에 무엇이 있었을까요? 하나님이 주목하시고 왕으로 기름 붓기까지 축복하신 다윗의 중심은 무엇일까요?

'내 마음에 맞는 사람'(행 13:22)이라는 구절은 사도 바울이 "여호와께서 그의 마음에 맞는 사람을 구하여 여호와께서 그를 그의 백성의 지도자로 삼으셨느니라"(삼상 13:14)라는 말씀을 인용한 것입니다. 여기서 '마음에 맞는 사람'을 영어 성경은 'a man after his own heart'로 번역하고 있습니다. 즉 하나님의 마음에 꼭 드는 사람이란 '하나님의 마음을 좇는 사람', '하나님의 뜻을 따르는 사람'이란 뜻입니다.

다윗은 하나님의 뜻을 자신의 뜻으로 삼았던 사람입니다. "주는 나의 하나님이시니 나를 가르쳐 주의 뜻을 행하게 하소서"(시 143:10)라고 기도할 만큼 하나님의 뜻을 사모하고 그 뜻대로 살기를 원한 사람입니다.

다윗은 끊임없이 하나님의 마음을 좇았습니다. 하나님의 마음과 자신의 마음 사이에 간격을 두지 않으려 노력했습니다. 환경이 어떠하더라도 하나님의 마음과 멀어지지 않으려 안간힘을 썼습니다.

하나님이 기뻐하시는 것은 다윗도 그 마음에 기뻐하고, 하나님이 슬퍼하시는 것은 다윗도 그 마음에 슬퍼하고, 하나님이 불쾌하게 생각하는 것은 다윗도 그 마음에 불쾌하게 생각하고… 다윗은 하나님의 마음에 자신을 일치시키려 노력했습니다.

> 다윗은 당시에 하나님의 뜻을 따라 섬기다가 잠들어 그 조상들과 함께 묻혀 썩음을 당하였으되 <sub>행 13:36</sub>

이토록 전심으로 하나님의 뜻을 갈망하고 따르려고 했던 다윗을, 하나님은 '내 마음에 합한 자'라고 부르셨습니다. 그는 평생을 하나님의 극진한 사랑을 입으며 살았습니다.

> 여호와의 눈은 온 땅을 두루 감찰하사 전심으로 자기에게 향하는 자들을 위하여 능력을 베푸시나니 <sub>대하 16:9</sub>

### 하나님을 인정하는 마음

죽음을 앞둔 다윗은 아들 솔로몬이 마음을 감찰하시는

하나님을 섬기기를 원했습니다.

> 내 아들 솔로몬아 너는 네 아버지의 하나님을 알고 온전한 마음과 기쁜 뜻으로 섬길지어다 여호와께서는 모든 마음을 감찰하사 모든 의도를 아시나니 네가 만일 그를 찾으면 만날 것이요 만일 네가 그를 버리면 그가 너를 영원히 버리시리라 대상 28:9

훗날 솔로몬도 아버지 다윗이 하나님의 은혜를 입었던 것은 바로 그 마음 때문이었다고 회상합니다.

> 솔로몬이 이르되 주의 종 내 아버지 다윗이 성실과 공의와 정직한 마음으로 주와 함께 주 앞에서 행하므로 주께서 그에게 큰 은혜를 베푸셨고 주께서 또 그를 위하여 이 큰 은혜를 항상 주사 오늘과 같이 그의 자리에 앉을 아들을 그에게 주셨나이다 **왕상 3:6**

다윗은 하나님을 인정했습니다. 그 중심에 하나님을 모시고, 하나님 앞에서 매우 진실했습니다. 그야말로 일평생 '하나님 앞에서'(Coram Deo) 하나님을 늘 의식하며 자신의 마음을 신실하게 지키며 살았던 것입니다.

반면, 사울은 다윗과 대조적으로 하나님 앞에서 마음을 지키지 못하여 하나님의 눈 밖에 난 대표적인 인물이었습니다. 이스라엘의 첫 번째 왕인 사울은 키가 크고 용모가 준수한 사람이었습니다. 그는 인간적인 관점으로 아주 이상적인 왕이었습니다. 사울의 우뚝 솟은 키가 사무엘과 백성에게는 임금을 제대로 뽑았다는 표가 될 정도였습니다.

> 그들이 달려가서 거기서 그를 데려오매 그가 백성 중에 서니 다른 사람보다 어깨 위만큼 컸더라 사무엘이 모든 백성에게 이르되 너희는 여호와께서 택하신 자를 보느냐 모든 백성 중에 짝할 이가 없느니라 하니 모든 백성이 왕의 만세를 외쳐 부르니라 삼상 10:23-24

사울왕은 집안 배경도 아주 좋았습니다. 그는 베냐민 지파의 유복한 가정에서 자랐습니다.

외모 때문에 사람들의 눈에 든 사울의 우선적인 관심도

하나님보다는 사람이었습니다. 그는 중심에 하나님을 모시고 살지 않았습니다. 그의 눈에는 하나님보다 사람들이 더 크게 보였습니다.

그는 '하나님이 어떻게 보시느냐'가 아니라 '다른 사람이 어떻게 보느냐'가 더 중요했습니다. 하나님이 주목하시는 마음을 중요시 하지 않은 것입니다.

> 사울이 사무엘에게 이르되 내가 범죄하였나이다 내가 여호와의 명령과 당신의 말씀을 어긴 것은 내가 백성을 두려워하여 그들의 말을 청종하였음이니이다 삼상 15:24

범죄 후에도 그는 하나님 앞에 나와 회개하기보다는 사람들이 자신을 어떻게 보느냐를 더 중요하게 여겼습니다. 사무엘이 몇 번에 걸쳐 하나님이 왕을 버려 왕이 되지 못하게 하셨다고 말했지만, 그는 백성들만 그 사실을 알지 못하면 된다고 생각했습니다. 왕으로서 체면을 지키기 위해 백성들의 눈만 가릴 수 있기를 원했습니다.

사울이 이르되 내가 범죄하였을지라도 이제 청하옵나니 내 백성의 장로들 앞과 이스라엘 앞에서 나를 높이사 나와 함께 돌아가서 내가 당신의 하나님 여호와께 경배하게 하소서 하더라 삼상 15:30

## 우리가 자랑할 것은 하나님의 인정

성경을 보면 외모 때문에 망한 사람들이 나옵니다. 블레셋의 장수 골리앗이 그랬습니다. 자신의 잘난 체구와 힘만 믿고 큰소리치다가 작은 돌에 맞아 죽었습니다. 압살롬은 외모가 아름다운 사람이었습니다.

온 이스라엘 가운데에서 압살롬같이 아름다움으로 크게 칭찬 받는 자가 없었으니 그는 발바닥부터 정수리까지 흠이 없음이라 그의 머리털이 무거우므로 연말마다 깎았으며 그의 머리털을 깎을 때에 그것을 달아 본즉 그의 머리털이 왕의 저울로 이백 세겔이었더라 삼하 14:25-26

그런데 압살롬은 결국 남자다운 힘의 상징인 이 머리털 때문에 목숨을 잃었습니다. 노새를 타고 가다 상수리나무에 머리가 걸려 죽게 된 것입니다(삼하 18:9).

> 지혜로운 자는 그의 지혜를 자랑하지 말라 용사는 그의 용맹을 자랑하지 말라 부자는 그의 부함을 자랑하지 말라 자랑하는 자는 이것으로 자랑할지니 곧 명철하여 나를 아는 것과 나 여호와는 사랑과 정의와 공의를 땅에 행하는 자인 줄 깨닫는 것이라 나는 이 일을 기뻐하노라 여호와의 말씀이니라 렘 9:23-24

성경은 인간이 가지고 있는 외적인 것들은 하나도 자랑할 것이 없다고 말씀합니다. 그럼에도 불구하고 오늘날 우리는 보이지 않는 내면은 보지 않고 겉으로 드러난 외모, 학벌, 배경 등만 주목합니다. 다른 사람들을 육신의 눈으로 보이는 외모를 보고 판단합니다. 뿐만 아니라 '다른 사람이 나를 어떻게 평가하느냐'에 매우 민감합니다.

뉴욕타임스의 한 칼럼니스트는 인종과 성별에 이은 새

로운 차별 요소를 외모라고 보고 이를 루키즘(lookism)이라고 불렀습니다. 외모를 근거로 판단하고 차별하는 것을 뜻합니다. 실제로 많은 사람들이 대면 3초 만에 상대를 판단한다고 합니다.

어느 여론조사에 따르면, 13-43세 여성의 60퍼센트 이상이 '외모가 인생의 성패를 좌우한다'라는 항목에 '그렇다'고 대답했습니다. 특히 결혼을 앞둔 젊은 남자의 90%가 여자들의 외모에 더 점수를 준다고 합니다.

또, 어느 보고서에 따르면, 우리나라 미용 분야의 연간 시장 규모가 미용성형 5천억 원, 다이어트 1조 원, 화장품 5조 5천억 원 등으로 무려 7조에 이른다고 합니다. 얼마 전에는 복부비만을 없애기 위해 지방흡입술을 받던 여성이 죽었다는 뉴스가 보도되었습니다. 외모를 위해 목숨까지 걸어야 하는 외모 지상주의의 세태를 적나라하게 보여 주는 사건입니다.

하지만 성경은 "고운 것도 거짓되고 아름다운 것도 헛되나 오직 여호와를 경외하는 여자는 칭찬을 받을 것이라"(잠 31:30)고 말씀하고 있습니다. 아무리 외모가 곱고 아름다워도 잠깐일 뿐입니다. 그러나 하나님을 경외하는 마음이 있으면 하나님의 인정을 받는 복된 인생이 됩니다.

### 하나님의 인정을 바라는 마음

다윗에게서 본 대로 진정 중요한 것은 '하나님이 보시는 중심이요', '하나님이 나를 어떻게 평가하시느냐'입니다. 이에 대해 베드로는 "너희의 단장은 머리를 꾸미고 금을 차고 아름다운 옷을 입는 외모로 하지 말고 오직 마음에 숨은 사람을 온유하고 안정한 심령의 썩지 아니할 것으로 하라 이는 하나님 앞에 값진 것이니라"(벧전 3:3-4)고 권면했습니다. 야고보도 "내 형제들아 영광의 주 곧 우리 주 예수 그리스도에 대한 믿음을 너희가 가졌으니 사람을 차별하여 대하지 말라… 만일 너희가 사람을 차별하여 대하면 죄를 짓는 것이니 율법이 너희를 범법자로 정죄하리라"(약 2:1, 9)고 말했습니다.

1898년 네브래스카에서 태어난 월터 주드(Walter Judd)라는 사람이 있었습니다. 그는 여드름 치료를 하는 과정에서 약을 잘못 투여해 얼굴에 흉측한 상처를 남기에 되었습니다. 이 때문에 심한 우울증과 열등감에 빠져 살았으나, "나는 하나님의 도우심을 받으며, 나의 최선을 다하여 일생을 살리라"는 믿음으로 역경을 극복하게 됩니다.

그는 1925년에 중국으로 가서 선교사로 헌신했습니다. 1938년에 일본의 침략으로 할 수 없이 중국을 떠나 미국으로 돌아온 그는 1942년에 국회의원으로 출마했고, 이후 유례없이 열 번이나 당선되어 정계에서 중국을 위해 활동하게 되었습니다. 월터 주드는 더 이상 외모에 신경 쓰지 않고 오직 하나님의 도움을 받고 최선으로 하나님만 기쁘게 하겠다고 작정한 그날부터 그렇게 살았던 것입니다.

우리에게 잘 알려진 아이작 왓츠(Isaac Watts)는 시편의 대부분을 찬송가 가사로 쓴 사람입니다. 그는 큰 머리와 날카로운 눈, 매부리코의 보잘것없는 외모와 150cm밖에 안 되는 작은 키를 가지고 있었습니다. 자신의 작은 체구를 늘 의식하고 있던 그는 어느 날 이런 글을 남겼습니다.

"내 키가 커서 북극에 닿았고 내 손의 뼘으로 바다를 잴 수 있었다 해도 나는 나의 영혼으로 재어져야 하리니 이는 사람의 기준이 마음이 됨이라."

아이작 왓츠의 말처럼 우리는 나의 외모가 아니라 나의 영혼으로 재는 하나님, 그분을 경외하며 살아야 합니다. 마음을 감찰하시는 하나님이 우리의 중심을 보실 때 가장 귀히 여기실 것이 무엇인지 늘 생각하며 살아야 합니다. 그럴 때 하나님이 다윗에게 주신 동일한 음성을 우리에게도 들려주실 것입니다.

> 내가 이새의 아들 다윗을 만나니 내 마음에 맞는 사람이라 내 뜻을 다 이루리라 행 13:22

# 7장
## : 하나님께 중심을 드리는 사람

너희가 전에는 어둠이더니 이제는 주 안에서 빛이라 빛의 자녀들처럼 행하라 빛의 열매는 모든 착함과 의로움과 진실함에 있느니라 주를 기쁘시게 할 것이 무엇인가 시험하여 보라 엡 5:8-10

신앙생활의 궁극적인 목적은 하나님을 기쁘게 하는 것입니다. 그러므로 무엇을 하든지 우리의 모든 것이 하나님을 기쁘게 하는 데에 초점을 맞춰야 합니다. 늘 무엇을 어떻게 하면 주님을 기쁘게 할 수 있을까를 생각해야 합니다.

**주를 기쁘시게 할 것이 무엇인가 시험하여 보라** 엡 5:10

우리가 어떻게 해야 주님이 기뻐하시는지 알아보라 합니다. '시험하여 보라'는 실험해서 증명해 보이라는 뜻입니다. 철이 얼마나 단단한지를 알아보기 위해 망치로 두들겨 보기도 하고 뜨거운 불에 넣어 보는 것처럼, 무엇이 하나님을 기쁘게 하는지를 구체적인 삶을 통해 찾아내 증명해 보이라는 말씀입니다. 하나님의 선하시고 기뻐하시고 온전하신 뜻이 무엇인지 분별하여 하나님이 기뻐하시지 않는 것이라면 과감하게 버리라는 뜻입니다.

예수님이 이 땅을 살면서 그 마음에 항상 품었던 생각도 바로 이것이었습니다.

> 나를 보내신 이가 나와 함께하시도다 나는 항상 그가 기뻐하시는 일을 행하므로 나를 혼자 두지 아니하셨느니라 요 8:29

우리 주님은 언제나 하나님이 기뻐하시는 일을 행하셨습니다. 사도 바울도 이렇게 고백합니다.

> 그런즉 우리는 몸으로 있든지 떠나든지 주를 기쁘시게 하는 자가 되기를 힘쓰노라 고후 5:9

바울은 주님을 기쁘시게 하는 일이라면 고난도 두려워

하지 않았습니다. 헐벗고 굶주리고 심지어 죽음의 고비를 수없이 넘기면서도 바울이 복음을 증거하는 삶을 살았던 가장 큰 원인은 바로 그것이 주님을 기쁘시게 하는 삶이었기 때문입니다.

다윗은 그의 중심을 하나님 앞에 드림으로 하나님을 기쁘시게 했습니다. 우리가 하나님을 기쁘게 해드리려면, 하나님 앞에 드리는 예배, 기도, 헌금에 중심을 담아 드려야 합니다.

### 중심으로 드리는 예배

하나님은 어떤 사람의 예배를 받으실까요? 창세기 4장에는 가인과 아벨이 하나님께 예배를 드리는 장면이 나옵니다. 가인은 농사를 짓는 일을 했고, 아벨은 양을 치는 일을 했습니다. 가인은 농산물의 첫 소산으로 예배를 드렸고, 아벨은 양의 새끼를 가지고 예배를 드렸습니다. 그런데 하나님은 가인의 예배는 받지 않으시고 아벨의 예배만 받으셨습니다.

성경은 그 이유를 "믿음으로 아벨은 가인보다 더 나은 제사를 하나님께 드림으로 의로운 자라 하시는 증거를 얻었으니 하나님이 그 예물에 대하여 증언하심이라"(히 11:4)고 설명합니다.

하나님이 가인과 아벨의 예배를 받으실 때, 그들이 가지고 온 예물만 보시지 않았습니다. 가인이 농산물을 가지고 왔기 때문에 받지 않으시고, 아벨이 양 새끼를 가져왔기 때문에 받으신 것이 아닙니다.

하나님은 그 예물 뒤에 숨겨진 마음, 즉 외모를 취하지 않고 중심을 취하신 것입니다. 하나님이 보시기에 아벨이 더 나은 마음, 믿음을 가지고 예배를 드렸습니다. 가인은 예배를 드리는 마음과 자세가 하나님이 받으실 만한 것이 못 되었습니다. 하나님 앞에 예배드리는 자의 마음은 무엇보다 중요합니다.

너희가 내 앞에 보이러 오니 이것을 누가 너희에게 요구하였느냐 내

마당만 밟을 뿐이니라 헛된 제물을 다시 가져오지 말라 사 1:12-13

이스라엘 백성들이 하나님께 드리는 예배가 종교적 형식이 되어 버렸다고 말씀하십니다. 예배가 타락해서 하나님을 향한 마음도 없이 형식적으로 예배를 드리고 있다는 것입니다. 하나님은 이를 가증하게 여기셨습니다. 하나님은 형식 이전에, 예물 이전에 마음을 원하십니다.

하나님은 예배는 신령(영)과 진정으로 드리는 예배를 기뻐하십니다.

> 아버지께 참되게 예배하는 자들은 영과 진리로 예배할 때가 오나니 곧 이때라 아버지께서는 자기에게 이렇게 예배하는 자들을 찾으시느니라 하나님은 영이시니 예배하는 자가 영과 진리로 예배할지니라 요 4:23-24

무엇이 신령과 진정으로 드리는 제사입니까? 영적으로 예배드리고 진실된 마음으로 예배드리는 것입니다. 형식과 외식으로 드리는 예배가 아닙니다. 다윗은 어느 누구보다도 예배에 정성을 기울인 사람입니다.

신령과 진정으로 드리는 예배는 하나님께 기쁨을 드리기 위해 힘을 다해 춤을 춘 다윗처럼, 이 세상 것에 구애되지 않고 성령의 인도를 좇아 마음을 온전히 하나님께 드리는 것을 말합니다. 다윗은 언약궤가 예루살렘으로 돌아올 때, 백성들이 보는 앞에서 기쁨으로 춤을 췄습니다. 너무 기쁜 나머지 옷이 흘러내려서 몸이 드러날 정도로 춤을 추며 좋아했습니다.

다윗이 왕으로서의 체면을 생각했다면 그렇게 행동할 수 없었을 것입니다. 다윗의 아내 미갈은 다윗이 춤을 추는 모습을 보고 계집종들 보는 앞에서 임금이 체통을 잃어버렸다고 다윗을 업신여겼습니다. 그런 미갈에게 다윗은 하나님 앞에 자신의 중심을 드리고자 했던 심정을 다음과 같이 말했습니다.

다윗이 미갈에게 이르되 이는 여호와 앞에서 한 것이니라 그가 네 아버지와 그의 온 집을 버리시고 나를 택하사 나를 여호와의 백성 이스라엘의 주권자로 삼으셨으니 내가 여호와 앞에서 뛰놀리라 내가 이보다 더 낮아져서 스스로 천하게 보일지라도 네가 말한 바 계집종에게는 내가 높임을 받으리라 한지라 삼하 6:21-22

### 중심으로 드리는 기도

누가복음 18장에는 바리새인과 세리가 성전에서 기도하는 모습이 나옵니다. 바리새인은 이렇게 기도했습니다.

하나님이여 나는 다른 사람들 곧 토색, 불의, 간음을 하는 자들과 같지 아니하고 이 세리와도 같지 아니함을 감사하나이다 나는 이레에 두 번씩 금식하고 또 소득의 십일조를 드리나이다 눅 18:11-12

그런데 세리는 멀리 서서 감히 눈을 들어 하늘을 우러러보지도 못하고 가슴을 치며 "하나님이여 불쌍히 여기소서 나는 죄인이로소이다"(눅 18:13)라고 기도했습니다.

그때 하나님이 바리새인의 기도는 받지 않고 세리의 기도를 받으셨습니다. 이는 무엇을 의미합니까? 어떤 기도가 하나님께 인정받고 응답 받는 기도인지를 알려 주는 것입니다.

바리새인과 세리는 똑같이 성전에 '올라갔으며'(10절), 똑같이 성전에서 '내려갔습니다'(14절). 두 사람은 모두 '성전'과 '하나님'께로 향해서 기도드렸습니다. 하지만 기도의 형식과 내용에서는 극명하게 대립합니다.

바리새인은 성전에 올라와서 나름대로 열심히 기도했지만 하나님의 인정을 받는 데는 실패했습니다. 그는 사실 기도의 형태를 빌리고 있지만 하나님께 기도한 것이 아니라, 그저 사람들이 들으라고 자기자랑만 늘어놓았을 뿐입니다.

"내가 이런 착한 일을 했습니다. 저런 착한 일도 했습니다. 내가 이렇게 좋은 사람입니다. 내가 이렇게 의롭습니다. 내 공로가 이렇게 많습니다."

이 기도에서 주어는 '나'입니다. 나의 경건을, 나의 깨끗한 신앙의 행위를 자랑하는데 그것이 하나님께 한 것이 아니라 사람들한테 한 것입니다. 바리새인은 그러고도 자신이 멋지게 기도했다고 생각했을 것입니다.

반면에 세리의 기도는 그 내용이나 모습이 바리새인과 전혀 다릅니다. 세리는 바리새인과 달리 자랑할 것이 아무것도 없었습니다. 그는 단지 하나님 앞에 부끄러운 '죄인'일 뿐이었습니다. 그는 '하나님의 자비'가 아니고는 도무지 살 수 없는 사람이었습니다. '멀리 서서'라는 것은 '성전 밖에서'이고, '가슴을 치며'는 '죄에 대한 뉘우침과 비통한 마음'을 나타냅니다.

그의 기도는 짧았지만 그 기도의 주어는 '하나님'이었습니다. 그는 자신의 솔직한 마음을 하나님 앞에 드렸습니다. 진실한 마음을 드린 것입니다. 하나님은 세리의 그런 모습을 기뻐하셨습니다. 중심을 보시는 하나님은 세리의 기도를 들으시고, 죄를 용서해 주시고 의롭다고 인정해 주셨습니다.

바리새인에게는 기도의 모양은 있으나 하나님을 향한

믿음이 없었습니다. 주님의 관심은 '얼마나 훌륭하게 기도했는가', '얼마나 오래 기도했는가', '얼마나 기도를 유창하게 했는가'에 있지 않습니다. 진실한 기도만이 응답을 받게 되어 있습니다.

예수님이 기도에 대해서 교훈을 주실 때도 "외식하는 기도를 하지 말라"고 하셨습니다. 우리의 기도는 사람에게 보이기 위한 기도가 아니라 하나님이 들으시는 기도가 되어야 합니다. 우리의 중심이 하나님께 향하여 있다면 화려한 미사여구가 아닌 아주 소박하고 단순한 기도가 오히려 좋은 기도가 될 수 있습니다.

아시시에 살던 성 프란체스코는 기도하러 산상에 자주 올라갔습니다. 산상에서 기도할 때 그의 입술에서는 가끔 한마디가 흘러나왔는데, 그것은 '하나님'이었습니다. 다른 말은 하지 않고 오직 '하나님'이라는 말 한마디만 되풀이하면서 여러 시간을 기도했다는 것입니다.

어떤 분은 온갖 미사여구를 써 가며 기도하는데, 사람들한테는 "어쩌면 그렇게 시적으로 기도하느냐"고 칭찬들을지 모르나, 하나님한테는 "너 무슨 말하고 있는 거냐"라는 말을 듣게 될지도 모릅니다. 어떤 사람은 기도할 때 접속사가 아버지입니다. 그래도 그것이 외식하는 것이 아니라 진실된 기도라면 우리 아버지께서 반드시 응답해 주실 것입니다.

어떤 때는 기도도 안 한 것 같은데 하나님이 응답해 주실 때가 있습니다. '내 마음의 묵상이 주께 열납되기 원하나이다'란 말씀대로 우리 마음의 중심을 드릴 때, 그 마음을 보시고 받으시고 응답해 주시는 것입니다.

### 중심으로 드리는 헌금

하나님은 헌금을 드릴 때도 중심을 보십니다. 예수님은 성전에서 부자들과 과부가 하나님 앞에 헌금하는 것을 지켜보시고는 "저들은 그 풍족한 중에서 헌금을 넣었거니와 이 과부는 그 가난한 중에서 자기가 가지고 있는 생활비 전부를 넣었느니라"(눅 21:4)고 말씀하셨습니다.

당시에 과부는 겨우 이삭이나 줍고 품이나 팔아 목숨을 부지할 만큼 나약한 사람이었습니다. 그런데도 꼭 필요한, 없어서는 안 되는 자신의 기본적인 생활비를 드렸습니다. 전부를 드렸습니다. 일부 남기고 드린 것이 아니었습니다. 그렇게 헌금을 하고 나면 당장 끼니를 해결할 수조차 없었습니다. 그렇기에 믿음이 없이는 도저히 불가능한 헌금이었습니다. 예수님은 과부의 이 믿음을 보셨습니다. 돈이 문제가 아닙니다. 그 전부를 드릴 수 있는 마음이 문제입니다.

주님이 십자가에 못 박히시기 전에 나병환자였던 시몬의 집에 들어가셨습니다. 나사로의 동생 마리아가 값비싼 향유를 가지고 와서 그 옥합을 깨뜨리고 아까운 향유를 전부 주님의 머리에 부어 드렸습니다. 그때 제자들은 이 아까운 것을 팔아서 가난한 사람들에게 나누어 주었더라면 더 좋았을 텐데, 그것을 낭비했다고 책망을 합니다. 그러나 주님은 기뻐하십니다. 왜 그렇습니까? 자기의 모든 것을 아낌없이 드리는 그 마음 때문입니다.

사도행전 5장에서 아나니아와 삽비라가 밭을 팔아 얼마를 감추고는 헌금을 했습니다. 그러나 그들은 외모로 드리고 중심을 드리지 않았습니다. 아나니아와 삽비라가 재산을 팔아 헌금을 할 때 사람들 앞에서 얼마나 자랑스러웠겠습니까? 하지만 하나님 앞에서는 그럴 수 없었습니다. 베드로가 "사람에게 거짓말한 것이 아니요 하나님께로다"(행 5:4)라는 말이 떨어지기가 무섭게 그들의 혼이 떠나갔습니다.

사람은 몰라도 하나님은 다 알고 계십니다. 사람은 보지 못해도 하나님은 다 보고 계십니다. 사람은 못 들어도 하나님은 다 듣고 계십니다.

또 헌금할 때 하나님은 우리의 자원하는 마음을 보십니다.

> 너희의 소유 중에서 너희는 여호와께 드릴 것을 택하되 마음에 원하는 자는 누구든지 그것을 가져다가 여호와께 드릴지니 출 35:5

하나님은 헌금 드리는 우리의 중심을 보고 계십니다. 저는 헌금을 드릴 때 봉투에 이렇게 씁니다. "하나님 사랑합니다. 주님, 감사해요. 주님, 사랑합니다." 중심으로 믿음을, 사랑을 고백하면서 드리려고 애를 쓰는 것입니다.

샌디에이고 갈보리교회에 부임하고 나서 저는 선교사 파송을 소원하며 기도했습니다. 그때 은혜교회에서 아프리카 케냐에 신승훈 목사님을 파송한다는 소식을 들었습니다. 갈보리교회 단독으로는 파송할 재정이 되지 않으니 공동으로 파송하겠다고 은혜교회 김광신 목사님께 말씀 드렸습니다. 그렇게 해서 신승훈 목사님께 매달 1500불씩 드리게 되었습니다. 그런데 파송된지 몇 달 만에 신 목사님에게서 연락이 왔는데 아프리카 사역을 위해 매달 3500불이 필요하다는 것이었습니다. 당시 우리 교회는 성도가 100여 명밖에 되지 않았습니다. 매달 1500불도 돈이 남아서가 아니라 사명이라 생각해서 감당하기로 한 것이었습니다. 저는 제가 사례비를 받지 못하는 한이 있어도 이 일을 감당했으면 한다고 예배 시간에 광고를 했습니다.

1부 예배 후 한 집사님 부부가 저를 찾아와서는 "저희가 아프리카 선교를 감당하겠습니다"라고 했습니다. 놀랍고도 감사하게도 하나님은 우리가 아프리카 선교를 자원해서 하고자 할 때 이미 이 집사님 가정을 준비해 두셨던 것입니다. 집사님 부부가 매달 3500불씩 3년간 아프리카 선교를 위해 자원해서 지원하는 동안 갈보리교회는 500명 이상으로 부흥했습니다. 그래서 선교를 더 힘 있게 감당할 수 있었습니다.

　하나님은 우리가 자원하는 심령으로 하나님 앞에 드릴 때 능력과 은사를 부어 주셔서 그 일을 감당케 하십니다. 예배를 드리고 싶어서 견딜 수가 없어서, 기도하고 싶어서 견딜 수가 없어서, 물질을 드리고 싶어서 견딜 수가 없어서 드릴 때 신앙생활은 신이 납니다. 그럴 때 우리 아버지 하나님이 우리의 중심을 보시고 받으시며 반드시 축복해 주십니다.

제2부

# 다윗에게서 배우다

: 하나님 마음에
합한 사람이 되는 비결

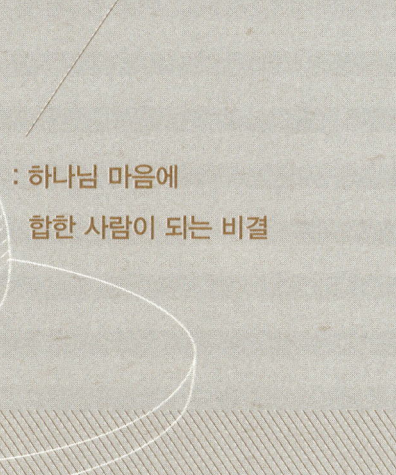

# 8장
## : 고통스러울 때 찬양하라

또 사울이 이새에게 사람을 보내어 이르되 원하건대 다윗을 내 앞에 모셔 서게 하라 그가 내게 은총을 얻었느니라 하니라 하나님께서 부리시는 악령이 사울에게 이를 때에 다윗이 수금을 들고 와서 손으로 탄즉 사울이 상쾌하여 낫고 악령이 그에게서 떠나더라 삼상 16:22-23

할렐루야 내 영혼아 여호와를 찬양하라 나의 생전에 여호와를 찬양하며 나의 평생에 내 하나님을 찬송하리로다 시 146:1-2

사무엘상 16장 14-23절을 보면, 사울왕이 악신에 걸렸습니다. 왕이 잠을 못 이루며 번뇌하자, 신하들이 수금을 잘 타는 사람을 불러 손으로 타게 하면 나을 것이라고 간언합니다. 이때 다윗이 선택되었고, 다윗이 수금을 타니까 악신이 떠나가고 사울의 머리가 상쾌해졌습니다.

다윗은 아버지의 양을 치면서도 늘 수금을 타며 찬양을 드렸습니다. 시편을 보면 힘든 일, 괴로운 일, 어려운 일, 고통스러운 일, 잘된 일, 기쁜 일, 좋은 일 등 어느 때든지 다윗은 하나님께 찬양을 드리는 중심을 가지고 있었습니다. 누구든지 고난을 만나면 참 고통스럽습니다. 불평과 원망이 저절로 나옵니다. 그러나 다윗은 그런 환경 중에도 찬양을 했습니다.

**내 영혼 평안해**

찬송가 '내 평생에 가는 길'이 만들어진 배경이 참으로 감동적입니다.

호레이시오 스패포드(H. G. Spafford)는 세계적 전도자인 D.L. 무디(Dwight Lyman Moody)와 절친한 친구로 교회에서 회계집사와 주일학교 교사로 섬겼던 독실한 신앙인이었습니다. 또한 시카고의 성공한 변호사였습니다.

1871년 시카고 대화재가 났을 때 스패포드는 전 재산을 잃었습니다. 당시 그의 나이 43세로, 이 재난이 일어나기 직전에 급성 전염성 피부질환으로 첫째 아들을 잃는 불운도 겪었습니다. 엄청난 시련 앞에서 스패포드와 그의 가족은 절대적으로 휴식이 필요했고, 아내와 네 딸들과 함께 유럽 여행을 계획했습니다. 때마침 유럽에서 복음 전도 사역을 전개하고 있던 친구 무디의 전도집회도 돕고 싶었습니다.

1873년 11월 15일, 스패포드의 아내와 네 딸을 비롯해 많은 승객을 태운 프랑스 여객선이 뉴욕항을 출발했습니다. 하지만 출항 몇 분 전에 스패포드는 아주 급한 일이 생겨서 나중에 따라갈 요량으로 배에서 내렸습니다. 아내와 딸들을 태운 배는 순항하는 듯했습니다. 그런데 모두가 깊은 잠이 든 새벽 2시, 그 배는 대서양 한가운데서 영국 철갑선과 정면으로 충돌하고 말았습니다. 배는 226명의 생명을 안고 바다 속으로 가라앉았습니다.

그 와중에 스패포드의 딸들은 모두 배와 함께 잠기고 아내만 물 위로 떠올라 구명정에 의해 구조되었습니다. 9일 후 다른 생존자들과 함께 웨일스와 카디프에 도착한 스패포드의 부인은 '혼자만 살아남았음'(Saved Alone)이란 짤막한 전문을 남편에게 보냈습니다. 스패포드는 이 소식을 듣고 눈앞이 까마득했습니다. 하지만 사랑하는 딸들을 잃고 절망에 빠졌을 아내가 걱정되어 부인을 만나러 배를 탔습니다. 한참을 가다가 선장이 그에게 말했습니다.

"지금 이 배는 딸들이 잠긴 물 위를 지나고 있습니다."

그때까지 애써 평정심을 유지하려 애쓰던 스패포드의 마음에 커다란 파도가 일어나기 시작했습니다. 아득한 그

곳에 잠들어 있을 딸들을 생각하니 너무나 괴로웠습니다. 그는 선실로 돌아와 아픔과 슬픔으로 밤이 새도록 하나님께 울부짖었습니다.

"주님, 누구보다도 주님을 사랑했던 저에게 어찌하여 이토록 큰 시련을 주십니까?"

그는 방에 틀어박혀 두문불출했고, 주변 사람들은 그의 믿음이 혹시라도 실족할까 봐 걱정했습니다. 그런데 어찌된 일일까요? 절망하며 탄원하던 스패포드의 마음 깊은 곳에서 형언할 수 없는 하나님에 대한 신뢰와 평안이 솟구쳐 오르더니 자기도 모르는 사이 평생 경험해 보지 못한 평안을 입술로 고백하게 되었습니다.

"평안해, 내 영혼 평안해. 하나님의 뜻이 이루어지이다!"(It is well, It is well with my soul. God's will be done!)

그러고는 아침이 되자 스패포드는 주님이 주신 영감으로 시를 써 내려갔습니다. 그 시가 바로 '내 영혼 평안해'(It is well with my soul)이며, 그렇게 해서 탄생한 곡이 바로 '내 평생에 가는 길'입니다.

내 평생에 가는 길 순탄하여 늘 잔잔한 강 같든지
큰 풍파로 무섭고 어렵든지 나의 영혼은 늘 편하다
저 마귀는 우리를 삼키려고 입 벌리고 달려와도
주 예수는 우리의 대장되니 끝내 싸워서 이기리라
내 지은 죄 주홍 빛 같더라도 주 예수께 다 아뢰면
그 십자가 피로써 다 씻으사 흰 눈보다 더 정하리라
저 공중에 구름이 일어나며 큰 나팔이 울릴 때에
주 오셔서 세상을 심판해도 나의 영혼은 겁 없으리
내 영혼 평안해 내 영혼 내 영혼 평안해

### 나의 찬양으로 찬양하라

찬송하게 하려고 우리를 지으셨다고 말씀하신 하나님은 우리의 찬양을 기쁘게 받으십니다. '싱잉 하트'(Singing heart), 바로 우리 마음에서 우러나오는 찬양을 하나님이 기뻐하십니다.

하나님께 드리는 찬양은 나의 찬양이 되어야 합니

다. 찬양에는 나의 찬양이 있고, 남의 찬양이 있습니다. 찬양대에서 찬양을 드려도, 그것이 나의 찬양이 되어야 합니다. 찬양은 곡조가 붙은 기도이기 때문에, 나의 찬양이 되어야만 그 찬양의 가사가 그대로 나의 삶 속에 축복으로 이루어질 것입니다. 평소 즐겨 부르는 '나의 찬양'이 있습니까? 나의 찬양은 나의 신앙 고백과도 같습니다. 어떤 노래를 좋아하느냐는 굉장히 중요합니다. 노래가 자기 고백과 같기 때문입니다.

제가 가장 좋아하는 노래는 '난 예수가 좋다오'라는 찬양입니다.

> 많은 사람들 참된 진리를 모른 채
> 주님 곁을 떠나가지만
> 내가 만난 주님은 참 사랑이었고
> 진리였고 소망이었소
> 난 예수가 좋다오
> 난 예수가 좋다오

주를 사랑한다던 베드로 고백처럼

난 예수를 사랑한다오

제가 이 찬양을 드리면 하나님이 '나도 네가 좋다' 하십니다. 괴로운 일, 힘든 일, 어려운 일이 닥치면 저는 무조건 '난 예수가 좋다오'를 부릅니다.

정말 주님밖에 없습니까? 정말 주님이 좋습니까? '우리 예수님이 정말 좋습니다'라고 고백할 때, 우리 주님도 '나도 네가 좋다'라고 응답하실 것입니다.

우리 주님은 찬송 가운데 거하시는 분입니다. 시편 150편 6절은 "호흡이 있는 자마다 여호와를 찬양할지어다"라고 했고 히브리서 13장 15절은 "그러므로 우리는 예수로 말미암아 항상 찬송의 제사를 하나님께 드리자 이는 그 이름을 증언하는 입술의 열매니라"고 했습니다.

찬송의 제사를 올려 드립시다. 우리가 항상 찬양의 제사를 올려 드릴 때, 주님이 '내 마음에 꼭 드는 자'라고 말씀하실 것입니다. 아침에 일어나서 찬양하고, 운전하면서도 찬양하고, 잠자리에 들면서도 찬양하고… 지금 내가 서 있는 곳에서 찬양해야 합니다. 우리 마음속에 찬양이 흘러넘쳐야 합니다.

언젠가 은혜기도원에 갔다가 모처럼 산꼭대기까지 올라갔습니다. 하늘을 바라보면서 기도를 드리는데 갑자기 성령의 감동으로 찬양을 부르기 시작했습니다.

> 아버지 사랑합니다 아버지 경배합니다
> 아버지 채워 주소서 당신의 사랑으로
> 예수님 사랑합니다 예수님 경배합니다
> 예수님 채워 주소서 당신의 사랑으로
> 성령님 사랑합니다 성령님 경배합니다
> 성령님 채워 주소서 당신의 사랑으로

제 마음속에 흘러넘치는 이 찬양을 드리는데, 주님 사랑한다고 계속 고백하는데, 얼마나 눈물이 나던지요. 그렇게 찬양할 수 있다는 것이 얼마나 행복하던지요!

인생을 살다 보면 어렵고 힘든 광야 길을 걸을 때가 있습니다. 그럴 때 찬양하십시오. 마음에서 우러나오는 찬양을 하십시오. 찬양을 멈추지 마십시오. 반드시 우리 주님이 고난을 이길 힘을 주실 것입니다. 평안과 기쁨을 주실 것입니다.

# 9장
## : 생명을 걸고 충성하라

다윗이 사울에게 말하되 그로 말미암아 사람이 낙담하지 말 것이라 주의 종이 가서 저 블레셋 사람과 싸우리이다 하니 사울이 다윗에게 이르되 네가 가서 저 블레셋 사람과 싸울 수 없으리니 너는 소년이요 그는 어려서부터 용사임이니라 다윗이 사울에게 말하되 주의 종이 아버지의 양을 지킬 때에 사자나 곰이 와서 양 떼에서 새끼를 물어 가면 내가 따라가서 그것을 치고 그 입에서 새끼를 건져내었고 그것이 일어나 나를 해하고자 하면 내가 그 수염을 잡고 그것을 쳐죽였나이다 주의 종이 사자와 곰도 쳤은즉 살아 계시는 하나님의 군대를 모욕한 이 할례 받지 않은 블레셋 사람이리이까 그가 그 짐승의 하나와 같이 되리이다 또 다윗이 이르되 여호와께서 나를 사자의 발톱과 곰의 발톱에서 건져내셨은즉 나를 이 블레셋 사람의 손에서도 건져내시리이다 사울이 다윗에게 이르되 가라 여호와께서 너와 함께 계시기를 원하노라 삼상 17:32-37

사무엘상 17장 32-37절에는 다윗과 골리앗이 싸우는 장면이 나옵니다. 사울이 다윗에게 '너는 소년인데 이스라엘의 장군들도 감히 어쩌지 못하는 골리앗과 싸우겠느냐'고 얕보자, 다윗이 이렇게 자기를 소개합니다.

"아버지의 양을 지킬 때에 사자나 곰이 와서 양 떼에서 새끼를 물어 가면 내가 따라가서 그 곰과 사자를 치고 그 입에서 새끼를 건져 내었고 그것이 일어나 나를 해하고자 하면 내가 그 수염을 잡고 그것을 쳐 죽였습니다."

대단합니다. 아버지의 양을 칠 때에 생명을 걸고 최선을 다했다는 것입니다. 그러니까 골리앗과의 싸움에도 다윗은 목숨을 내놓고 최선을 다할 것이라는 겁니다. 하나님 아버지 마음에 합한 자는 맡은 일에 생명을 걸고 최선을 다하는 사람입니다. 맡은 자의 구할 것은 충성이라고 했습니다. 그가 바로 하나님이 기뻐 받으시는 사람입니다.

성경은 하나님이 목숨을 내놓기까지 우리를 사랑하셨다고 말씀합니다.

> 우리가 아직 죄인 되었을 때에 그리스도께서 우리를 위하여 죽으심으로 하나님께서 우리에 대한 자기의 사랑을 확증하셨느니라 롬 5:8

> 하나님이 세상을 이처럼 사랑하사 독생자를 주셨으니 이는 그를 믿는 자마다 멸망하지 않고 영생을 얻게 하려 하심이라 요 3:16

죄가 없으신 예수님이 이 땅에 오셔서 우리를 위하여 십자가에서 죽으셨습니다. "만군의 여호와의 열심이 이를 이루시리라"(사 9:7)는 말씀대로 우리 주님은 과연 우리 죄를 대속하기 위해 최선을 다해 사명을 감당하셨습니다.

## 사명을 받은 자가 구할 것은 충성

생명을 걸고 최선을 다하는 사람에게 하나님은 복을 내려 주십니다. 성경의 인물들도 맡은 일에 최선을 다했을 때 결국 축복을 받는 것을 보게 됩니다.

야곱은 낮에는 더위를 무릅쓰고 밤에는 추위를 무릅쓰고 눈 붙일 겨를도 없이 삼촌의 양을 치는 데 최선을 다했습니다(창 31:40). 얍복 강가에서 기도할 때도 결사적으로 기도했습니다. 환도뼈가 부러지면서까지 "당신이 나를 축복하기 전까지 내가 당신을 놓을 수가 없습니다" 하고 결사적으로 매달리니 하나님이 은혜를 주셨습니다.

열심으로 치면 사도 바울을 빼놓을 수가 없습니다. 그는 사십에 하나 감한 매를 다섯 번이나 맞았습니다. 사람이 그 정도로 맞으면 거의 죽음에 이르게 됩니다. 뿐만 아니라 바울은 태장으로 세 번 맞았고, 배가 세 번씩이나 파산되었습니다. 강의 위험, 바다의 위험, 강도의 위험, 그리고 동족의 위험, 거짓 형제들의 위험, 헐벗고 굶주리는 위험 등 말할 수 없는 고난을 겪었습니다. 그럼에도 불구하고 바울은 이렇게 고백했습니다.

> 내가 달려갈 길과 주 예수께 받은 사명 곧 하나님의 은혜의 복음을 증언하는 일을 마치려 함에는 나의 생명조차 조금도 귀한 것으로 여기지 아니하노라 행 20:24

이 시대에도 바울과 같이 못 말리는 사람이 있습니다. 바로 은혜한인교회의 김광신 원로목사님입니다. 어느 날 샌디에이고에서 목회자 모임이 있었는데, 그 모임에 오신 김 목사님의 눈 한쪽이 움직이지 않는 것이었습니다. 제가 놀라서 "목사님, 눈이 왜 그러세요?" 하니까 "어! 그냥 그렇게 됐어" 하고 불편해 했습니다. 알고 보니 당뇨 합병증으로 눈에 이상이 생겼던 것입니다.

그런 눈으로 설교 준비를 하고 사역을 하려면 얼마나 불편하겠습니까? 그래서 "목사님, 이제 조금 쉬면서 사역해야 합니다"라고 요청했지만 목사님은 "괜찮아요" 하면서 한쪽 눈에 안대를 한 채 선교지로 향했습니다. 목사님은 무리한 사역으로 결국 대장암 진단을 받고 8시간이 넘는 대수술을 받게 되었습니다.

수술 후에 있었던 일입니다. 혼수상태에서 김 목사님이 뭐라고 중얼거려서 사모님이 얼굴을 가까이 대고 들어보니 의식이 없는 상태에서도 선교대회와 뜨레스디아스(스페인어로 '3일간'이라는 뜻, 평신도를 위한 영성 프로그램) 팀 멤버 미팅을 인도하고 있더랍니다. 목사님은 문병을 간 장로님에게 "그레이스 인카운터(은혜한인교회의 성도 양육 프로그램)에 몇 명이나 참석했느냐?"고 묻기도 했다고 합니다.

김광신 목사님 머릿속엔 오로지 선교, 복음 밖에는 없습니다. 도무지 말릴 수 없는 하나님의 종입니다. 투병 중에도 약물치료(키모테라피)를 받으면서도 세계 곳곳의 선교지를 다녔습니다. 은퇴 후 신장이 제 기능을 하지 못해 목사님은 결국 투석을 받아야 했지만, '순교의 축복을 기대한다'고 말하며 자신의 생명을 걸고 최선을 다해서 사역을 감당했습니다.

지금은 하나님의 은혜로 신장 이식 수술이 잘 되어 더

욱 건강한 모습으로 세계를 다니며 마음껏 선교 사역을 감당하고 있습니다. 이 시대에 바울과 같은 하나님의 종을 우리의 멘토로, 스승으로 모실 수 있어서 너무나 감사합니다.

## 생명을 걸 수 있음이 행복하다

사도 바울은 비록 여러 고난을 겪었지만 사역할 때 행복했을까요, 불행했을까요? 행복했습니다. 사도 바울은 매를 맞고 감옥에 갇혀서도 행복했어요. 그의 사역을 보면 '탈진되었다', 이런 말이 없습니다. '스트레스를 받아서 내가 사역을 그만두어야겠다', 이런 말도 없습니다. 매를 맞고도 몸을 추슬러 곧장 다음 선교지로 떠났습니다. 정말 못 말립니다.

이것이 바로 소명입니다. 이 소명을 받은 사람은 복음을 가장 귀하게 여깁니다. 그래서 복음을 전하는 것보다 더 행복한 일이 없습니다. 하나님께 콜링(calling) 받은 사람은 그렇습니다.

생명을 걸 수 있는 무언가를 찾은 사람은 행복한 사람입니다. 사도 바울은 "예수 그리스도의 종 바울은 사도로 부르심을 받아 하나님의 복음을 위하여 택정함을 입었으니"(롬 1:1)라고 고백하고 있습니다. 자신이 복음 때문에 태어났다는 것입니다. 그러니 복음을 전하다가 고난을 당해도 기쁘고, 복음을 전하다가 순교를 당해도 기쁠 수 있었습니다.

생명을 걸 만한 일이 있습니까? 생명을 걸 만한 일이 하나님의 일이라면 정말 엄청난 열매를 맺게 될 것입니다.

1992년 제가 샌디에이고 갈보리교회에 부임했을 때는 정말 암담했습니다. 주변에 한인이 별로 없었기 때문입니다. 당시 저의 소망은 세상에서 가장 많은 불신자를 주님 앞에 인도하는 종이 되는 것이었습니다. 그런데 사람이 없는 겁니다. 그러니 '하나님, 제가 왜 이곳에 와야 합니까?' 하고 날마다 부르짖었습니다.

어느 날 새벽기도를 마치고 델리숍(Deli shop)을 하는 장로님과 아침식사를 하게 되었습니다. 옆에 소형 비행장을 가만히 바라보면서 "장로님, 저 비행기를 한번 탈 수 있겠습니까?" 하니까, 장로님의 미국인 친구가 비행기를 가지고 있다면서 타 보겠느냐고 했습니다. 얼마 후 70세의 노인이 비행기를 끌고 나오는 것을 보고 순간 갈등했습니다. 불안했기 때문입니다.

하지만 당시 저는 비행기를 타고 샌디에이고 상공을 날며 손을 들고 그 지역을 위해 기도하고 싶었습니다. 노구의 비행사를 믿고 샌디에이고 상공을 구석구석 돌며 간절히 기도했습니다.

"하나님, 부족한 종을 선교사로 보내셨으니, 이 지역에 복음을 전하게 하옵소서! 샌디에이고 지역을 부흥시켜 주옵소서! 특별히 한국 사람들 모두 예수 그리스도를 믿게 하소서. 교회에 나오게 해주시옵소서!"

생명을 걸고 기도하고, 최선을 다해 전도했을 때 하나님은 큰 부흥을 주셨습니다.

다윗이 생명을 걸고 최선을 다한 그 중심에는 '내가' 아니고 '주님'이 있었습니다. '우리 주님이 하신다'는 마음으로 내가 맡은 일에 생명을 걸고 최선을 다하는 그 중심 하나만 있으면, 우리 주님이 엄청난 복을 내려 주실 것입니다.

저는 은혜교회에서 목회를 시작하면서 이렇게 기도했습니다.

"하나님! 이제 몸만 빌려 드립니다. 우리 주님이 친히 목회해 주시옵소서. 주님이 목회하시는 교회가 어떤 교회인지 세상에 보여 주시옵소서. 주님이 친히 목회하시는 교회가 어떤 축복을 받는지 세상에 보여 주시옵소서."

제가 이렇게 기도하게 된 동기가 있습니다. 40일 금식기도를 할 때, 3일 만에 쓰러져서 더 이상은 금식을 할 수 없겠다는 생각에 성전에서 엎드려 있는데 "네가 하면 죽는다. 나에게 맡기지 않을래?" 하시는 주님의 음성을 듣고 내 힘으로 하려 했던 일을 회개하며 주님께 맡겨 드렸습니다. "저는 주님의 것이오니 주님께서 친히 금식 하옵소서!" 하고 기도했을 때 놀랍게도 몸이 회복되면서 큰 은혜를 입었습니다. 그 후로 하나님께 맡기는 기도가 자연스레 시작되었습니다.

우리가 정말 생명을 걸고 최선을 다할 수 있는 일은 바로 복음을 전하는 일입니다. 이보다 더 소중한 일은 없습니다. 복음 전하는 일은 생명을 살리는 일입니다. 가장 시급하고 가장 중요한 일이 복음 전하는 것입니다. 영혼을 살리는 일입니다. 이 영혼을 살리는 일이야말로 나의 생명을 던져 볼 가치가 있습니다.

하나님의 마음에 꼭 드는 일이기 때문입니다. 여러분, 사업을 하십니까? 그 사업이 주님의 사업이 되기를 원하십니까? 이 사업을 통하여 복음을 전할 수 있는 길을 찾으십시오. 한번 생명을 걸고 최선을 다해 보십시오. 당신은 어떤 직분을 받았습니까? 생명을 걸어 보세요. 생명을 건 사람에게 하나님이 은혜를 주십니다.

다윗이 아버지의 양을 칠 때 생명을 걸었습니다. 큰 전쟁에 나가서도 생명을 걸고 최선을 다했습니다. 그러자 하나님이 그 중심을 기뻐 받으셨습니다.

복음을 위해 생명을 걸고 최선을 다했을 때 모든 것을

잃어버린 것처럼 어려움을 겪을 때도 있을 것입니다. 모든 것이 허무하고 실망스러울 때가 있습니다. 그러나 절대로 흔들리면 안됩니다. 예수님이 구원사역을 위하여 십자가가 못 박혀 죽으심이 헛됩니까? 사도바울이 그 많은 일에 생명을 건 것이 헛됩니까? 여러분이 몸 된 교회를 섬길 때 생명을 걸고 최선을 다한 것이 헛됩니까?

결코 헛되지 않습니다. 우리가 복음을 위해 생명을 걸 때, 하나님이 그 중심을 받으십니다. 하나님이 '내 마음에 꼭 드는 자'라고 말씀해 주십니다. 그리고 놀라운 은혜를 베풀어 주십니다.

# 10장
## : 말씀이 인생을 책임진다

다윗의 사람들이 이르되 보소서 여호와께서 당신에게 이르시기를 내가 원수를 네 손에 넘기리니 네 생각에 좋은 대로 그에게 행하라 하시더니 이것이 그날이니이다 하니 다윗이 일어나서 사울의 겉옷 자락을 가만히 베니라 그리 한 후에 사울의 옷자락 벰으로 말미암아 다윗의 마음이 찔려 자기 사람들에게 이르되 내가 손을 들어 여호와의 기름 부음을 받은 내 주를 치는 것은 여호와께서 금하시는 것이니 그는 여호와의 기름 부음을 받은 자가 됨이니라 하고 다윗이 이 말로 자기 사람들을 금하여 사울을 해하지 못하게 하니라 사울이 일어나 굴에서 나가 자기 길을 가니라 삼상 24:4-7

사무엘상 24장을 보면, 다윗이 사울에게 쫓겨 다니고 있습니다. 다윗이 엔게디 광야에 있다는 정보를 입수하고 사울이 군사 3천 명을 데리고 다윗을 잡으러 갑니다. 그런데 쫓기던 다윗이 사울을 죽일 절호의 기회를 얻었습니다. 굴에서 용변을 보고 있는 사울을 발견한 것입니다. 다윗의 부하들은 하나님이 주신 기회라면서 사울을 당장에 죽이자고 했습니다.

순간적으로 다윗은 생각했습니다. 잘못한 것도 없는데, 사울이 자기를 죽이려고 하니 얼마나 억울했겠습니까? 이 결정적인 기회에 사울을 죽이지 않으면 자신이 죽을지도 모릅니다. 하지만 다윗은 칼을 들어 사울의 옷자락만 가만히 베었습니다. 죽이질 못했습니다. 겉옷 자락만 베었는데도 마음이 찔려, 부하들에게 이렇게 말합니다.

> 내가 손을 들어 여호와의 기름 부음을 받은 내 주를 치는 것은 여호와께서 금하시는 것이니 그는 여호와의 기름 부음을 받은 자가 됨이니라 삼상 24:6

다윗이 무엇 때문에 갈등하고 괴로워했는지를 알려 주는 구절입니다. 하지만 누구든지 그런 환경에 처하면 하나님의 말씀보다 내 감정이 더 중요합니다. 하나님이 기름 부은 왕이라는 사실보다 나를 괴롭히고 죽이려 드는 원수라는 사실이 더 크게 와 닿습니다. 그럼에도 다윗은 하나님의 뜻을 먼저 생각했고 그 뜻을 따라 행동했습니다.

다윗은 이렇듯 하나님의 말씀대로 살려고 몸부림치는 사람이었습니다. 그리고 말씀을 따라 살고자 애쓰는 그 중심이 바로 하나님 마음에 합하였습니다. 예수님도 말씀대로 살고자 몸부림치셨습니다. 육신으로 이 땅에 오신 하나님, 곧 예수님이 그랬습니다. 흠도 죄도 없는 예수님이 우리의 구원을 위해 십자가를 지셨습니다. 고난 받을 이유가 전혀 없는 주님이 사람들의 욕설과 비아냥을 듣고 채찍질을 당하고 모욕을 당했습니다.

예수님은 "그 후에 예수께서 모든 일이 이미 이루어진 줄 아시고 성경을 응하게 하려 하사 이르시되 내가 목마르다 하시니"(요 19:28)라고 말씀하셨습니다. 시편 69편 21절의 "그들이 쓸개를 나의 음식물로 주며 목마를 때에는 초를 마시게 하였사오니"를 이루시려 예수님은 '목마르다' 하셨습니다. 실제로 로마 군사들이 신포도주를 입에 대 주었고, 그러자 예수님은 '데텔레스타이'(다 이루었다) 하셨습니다. 예수님의 생애는 말씀에 초점을 맞춘 삶이었습니다.

### 말씀 따라 살려면 불편하다

사람들은 위기가 닥치고 힘들고 어려운 일이 생기면 안절부절못합니다. 말씀은 생각도 나지 않고 그저 혼비백산합니다. 언제 내가 예수를 믿었는지, 언제 성경을 읽었는지, 그 말씀하고 상관없는 삶이 되기 쉽습니다. 분노를 삭이지 못하고, 감정을 컨트롤하지 못해 실수할 때가 많습니다.

우리는 말씀에 초점을 맞추고 말씀대로 살려고 몸부림치신 예수님을 바라보아야 합니다. 주님은 자신을 욕하고 십자가에 못 박은 그 사람들을 향해서 "아버지 저들을 사하여 주옵소서 자기들이 하는 것을 알지 못함이니이다"(눅 23:34) 하면서 용서의 기도까지 하셨습니다. 하나님이면서 참 인간이신 예수님이 그 참혹한 상황에서 그들을 용서하는 기도를 한 것은, 말씀에 철저히 순복하기 위함이었습니다.

다윗이 사울의 겉옷 자락을 베고도 마음에 찔려서 괴로워하는 모습을 보면 솔직히 이해하기 어렵습니다. 죽이지 않으면 자기가 죽는데 어떻게 그럴 수 있는지 모르겠습니다. 어떻게 하면 말씀대로 살려고 몸부림치는 이런 마음을 가질 수 있습니까?

우리는 100퍼센트 말씀대로 살 수 없지만, 말씀대로 살려고 몸부림칠 수는 있습니다. 하나님이 그렇게 몸부림치는 우리의 중심을 귀하게 여기십니다. 우리 주님은 우리의 부족함을 다 아십니다. 우리의 연약함을 다 아세요. 그럼에도 불구하고 말씀대로 살아 보려고 최선을 다하는 그 마음을 귀하게 보십니다. 그래서 다윗을 축복하신 것입니다.

다니엘의 일생도 말씀에 초점을 맞춘 삶이었습니다. 다니엘이 전국을 통치하는 세 명의 총리 가운데 하나였지만, 그 주변에 대적들이 너무나 많았습니다. 그들이 다니엘의 허물을 잡으려 했으나 찾을 수가 없자, 하나님의 율법 즉 하나님에게 기도하지 못하도록 해서 그를 함정에 빠뜨리려 했습니다. 하지만 다니엘은 왕의 규례를 무시하고, 전에 하던 대로 하루 세 번씩 무릎을 꿇고 기도하며 하나님께 감사했습니다. 죽을 줄 알면서도 하나님의 말씀대로 살려고 한 것입니다.

말씀대로 살려고 할 때 핍박이 오는 경우가 많습니다. 하나님을 잘 섬겨 보려고 작정하면, 그때부터 어려운 일이 생깁니다. 이상하게 환경이 악화됩니다. 도와주는 사람이 별로 없습니다. 이때가 중요합니다.

말씀에 초점을 맞춘 삶이란 어떤 시련에도 말씀을 따

라 순종하는 삶을 말합니다. 말씀대로 살면 큰 불이익을 당할 것 같은 상황에서도 말씀대로 순종하는 것입니다. 이런 사람에게 하나님은 복을 주십니다.

다니엘은 하나님의 말씀대로 살려다가 사자굴에 던져졌습니다. 그러나 하나님은 사자굴을 천사굴로 만들어 죽음에서 건져 주셨습니다.

말씀에 초점을 맞추고 사는 길은 좁은 길입니다. 좁은 길은 피곤합니다. 불편합니다. 그런데 좁은 길을 선택해서 살아가는 우리를 하나님이 책임져 주십니다.

다윗은 하나님이 자신을 택해 주셨다는 사실을 잘 알고 있었습니다. 엔게디 광야 굴에 찾아든 사울을 몰래 죽여 버리면 왕이 될 수도 있었습니다. 하지만 그렇게 하지 않았습니다. 말씀대로 살려고 한 까닭입니다. 그리고 그 중심을 하나님이 기뻐 받으셨습니다.

주님은 우리에게 좁은 길을 선택하라고 말씀하셨습니다. 하지만 우리는 불편하기 때문에 자꾸 넓은 길로 가려고 합니다. 주님은 형제의 잘못을 일흔 번씩 일곱 번이라도 용서하라고 하셨습니다. 그러나 우리는 용서해야 한다는 사실을 잘 알지만 그렇게 하지 못할 때가 많습니다. 어느 성도님에게 용서해야 한다고 권면했었을 때 "내 형편이 돼 봐요. 목사님도 한번 당해 보십시오. 내 두 눈에 흙이 들어가도 이건 절대 용서할 수 없어요. 하나님도 이건 용서할 수 없다는 걸 아실 거예요" 하고 용서할 수 없는 이유를 구구절절 늘어놓는 모습을 보았습니다. 결국 말씀을 따라 살지 않겠다는 말입니다.

그래서 어려움을 당하게 되었을 때야 그 사람이 말씀에 초점을 맞추고 살고 있는지를 알 수 있습니다. 평안할 때는 말씀대로 사는 것 같습니다. 하지만 어려움이 닥치면 말씀을 다 제쳐놓고 인간적인 방법으로 해결하려고 애를 씁니다. 힘들고 어려울수록 말씀을 꼭 붙들어야 합니다. 이것이 참으로 중요합니다.

### 말씀 따라 살면 주님이 책임져 주신다

말씀을 굳게 붙들고 말씀에 초점을 맞춘 삶을 살려면, 말씀으로 길들여져야 합니다. '온유한 자가 복이 있나니 저희가 땅을 기업으로 받을 것'(마 5:5)이라는 말씀에서 '온유'는 맹수를 길들여서 사람이 시키는 대로 순종케 되는 것을 의미합니다. 그러니까 온유한 자란 하나님 말씀대로 순종하는 사람을 말합니다. 온유와 겸손은 그냥 머리를 숙이며 낮아지는 것을 의미하는 게 아닙니다. 하나님 말씀이 떨어지면 그대로 순종하는 것을 말합니다. 어떤 환경에서도 말씀에 초점을 맞추고 사는 것이 온유입니다.

아브라함과 조카 롯 사이에 분쟁이 생겼습니다. 당시 둘은 목축업을 했기 때문에 가축에게 먹일 물과 땅, 목초지가 아주 중요했습니다. 그런데 아브라함과 롯의 목자들 사이에서 서로 더 좋은 것을 차지하려고 다툼이 벌어졌습니다. 이때 삼촌인 아브라함이 "롯아, 너는 나 때문에 이렇게 많은 재산을 얻었고 복을 받았으니 이젠 네가 다른 곳으로 가는 것이 어떻겠니?" 해도 괜찮았을 겁니다. 하지만 아브라함은 "네가 좌하면 내가 우하고 네가 우하면 내가 좌하겠다"고 말합니다. 롯에게 선택권을 준 것입니다. 아브라함의 이 같은 행동은 아무나 할 수 있는 일이 아닙니다. 말씀을 따라 살면 주님이 책임져 주신다는 믿음이 없이는 감히 할 수 없는 일입니다.

우리가 하나님의 말씀을 따라 살지 못하는 것은 믿음이 부족하기 때문입니다. 말씀대로 살면 손해를 보고 망할 것 같은 생각이 들 때가 있습니다. 인간적으로 생각하면 그럴 것 같습니다. 하지만 말씀에 초점을 맞추는 온유한 자가 되면, 하나님이 우리 인생에 놀라운 기적을 일으켜 주십니다.

크리스천이 말씀대로 순종하지 않고도 괴로워하지 않는다면, 과연 크리스천일까요? 내 입술로 형제를 미워하고 불평하고 원망하고, 하나님 보시기에 합당하지 않은 죄를 지었음에도 괴로움이 없다면, 과연 크리스천일까요?

하나님 말씀대로 살려고 몸부림치려면, 하나님의 말씀이 몸에 배어야 합니다. 하나님의 말씀인 성경을 모르는데 어떻게 말씀대로 살 수가 있겠습니까? 성경을 부지런히 읽고 묵상해야 합니다. 예배 가운데 말씀을 계속 들어야 합니다. 그리고 성경공부도 해야 합니다.

교회는 말이 많은 곳이 아니라, 말씀이 많은 곳이어야 합니다. 말씀으로 가득 차야 됩니다. 성경공부 하러 오고, 기도하러 오고, 예배드리러 오고, 말씀으로 길들여지는 교회가 되어야 합니다.

제 인생의 가장 큰 축복은 하나님이 부르셔서 주의 종으로 인도해 주신 것입니다. 처음 예수를 믿었을 때 구원의 감격은 있었지만 주의 종으로 부르셨을 때는 감격이 없었습니다. 세상적인 꿈과 하나님이 주신 비전이 충돌하여 내면에 곤고함이 있었기 때문입니다. 하나님이 주시는 비전에 순종하려면 세상적인 꿈을 철저히 내려놓아야 했습니다. 주님은 주님의 제자가 되는 조건을 분명하게 말씀하셨습니다.

> 누구든지 나를 따라오려거든 자기를 부인하고 자기 십자가를 지고 나를 따를 것이니라 마 16:24

자기 부인하는 작업은 아픔이 컸습니다. 저의 생각은 크리스천 정치가로서 하나님을 잘 섬기는 것인데 주님은 제가 복음을 전하는 주의 종으로 헌신하기를 원하셨습니다. 저는 예수를 믿기 전에 목사에 대해 부정적인 생각을 가지고 있었기 때문에 마음이 좋지 않았습니다. '왜 하필이면 내가 목사가 되어야 하는가?' 점점 인간적인 생각으로 가득 차서 이렇게 기도하기도 했습니다.

"하나님, 주의 종으로 섬기길 원하는 훌륭한 사람들도 많은데 왜 하필 접니까. 저는 다른 일로 주님을 섬기겠습니다."

'고등학교에 다닐 때부터 좋은 정치가가 되어야겠다는 굳은 신념을 갖고 대학을 졸업할 무렵에 미국으로 유학을 왔는데 어떻게 다른 길을 갈 수 있는가?' 하는 생각이었습니다. 너무 허탈하고 아쉬워서 고통스럽기까지 했습니다. 주님이 나를 사용하겠다고 불러주신 것이 얼마나 큰 축복인 줄도 몰랐습니다. 주님의 뜻을 깨닫지 못하니까 감사도 없이 힘든 마음뿐이었습니다.

그러나 하나님의 강권적인 부르심에 기쁨이 없는 순종을 하여 신학교에 입학했습니다. 자기 부인은 정말 어려운 과정이었습니다. 주님은 부족한 아들의 믿음이 어려 깨닫지 못하니까 어린 사무엘을 부르시듯이 계속 저를 부르시면서 여러 가지 사건과 말씀을 통하여 깨닫게 하셨습니다. 어느 날, 기도하는 가운데 놀라운 말씀을 주셨습니다.

**내가 너를 지명하여 불렀나니 너는 내 것이라** 사43:1

저는 이 말씀을 받고 무너졌습니다. 저같이 부족한 사람을 '너는 내 것'이라며 하나님이 지명하여 불렀다는 이 말씀을 깨닫고 나니까, 주님 앞에 제 모습이 얼마나 부끄러운지 얼굴을 들 수가 없었습니다. 그냥 감격해서 눈물만 흘렸습니다. 그토록 갈등했던 일이 주님의 음성을 듣고 말씀을 깨닫게 되니 한순간에 다 해결되는 것이었습니다. 말씀으로 깨달으면 은혜를 받습니다.

하나님 앞에 제 자신을 말씀으로 보니까 너무나 부끄

러웠습니다. 이런 사람이 목사가 되면 어떻게 하나, 목사다운 목사가 될 수 있겠나 싶었습니다. 하나님의 사람이 되지 못한 저를 발견하게 됐습니다. 이런 상태로는 목사가 될 수 없었습니다. 하나님 앞에 40일 금식기도를 작정하고 오랜 회개의 시간을 가졌습니다.

"하나님, 정말 이런 모습으로 하나님의 종이 될 수는 없습니다. 저의 모든 것을 고쳐 주십시오."

금식기도를 하는 동안 매일 창세기부터 요한계시록까지 말씀을 묵상하고 큐티를 했습니다. 깨달은 말씀을 노트에 적으며 기도할 때 주신 말씀이 마음판에 새겨지는 은혜의 시간이 되었습니다. 말할 수 없는 깊은 감동으로 말씀에 길들여지는 시간이 되었습니다. 40일 금식기도부터 시작해서 100일간 큐티를 하며 성경 두 독 반을 하게 되었는데, 그때가 제 인생에서 가장 행복했던 시간이며, 하나님과 가장 가까이에서 깊이 교제하는 시간이었습니다. 하나님이 저를 크게 축복해 주시는 은혜의 시간이었습니다.

창세기부터 요한계시록까지 하루에 5시간씩 기도하면

서 말씀을 묵상했습니다. 눈을 감으면 신구약 성경이 완전히 살아 생동하듯이 제 머릿속에서 돌아갔습니다. 이젠 제 삶에 문제가 생겨서 기도하면 말씀이 떠오릅니다. 그리고 그 말씀을 붙들고 기도하면 하나님의 기적 같은 은혜로 문제가 해결되는 경험을 하였습니다.

말씀대로 살려고 하니까 마음가짐부터 달라지기 시작했습니다. 생각하는 것이나 말하는 것을 함부로 하지 않게 됐습니다.

우리의 삶 가운데 문제가 생길 때, 그게 축복의 기회가 될 때가 많습니다. 중요한 것은 말씀대로 한번 해 보려고, 말씀대로 순종해 보려고 몸무림쳐야 한다는 것입니다. 그럴 때 위기가 축복으로 바뀌는 역사를 경험할 수 있습니다.

하나님의 말씀대로 살려고 몸부림칠 때, 하나님이 이를 하나님의 합한 마음으로 받으십니다. 어떤 문제나 사건이 일어났을 때 넓은 길을 택하지 마십시오. 세상적인 방법으로 해결하려는 것이 넓은 길입니다. 그때 말씀을 선택하면 그것이 좁은 길입니다. 세상적으로 보면 바보 같은 짓입니다. 참 어리석은 것 같습니다. 그런데 하나님이 기뻐하십니다. 하나님의 복을 받는 것이 진정한 축복입니다. 세상적으로 당장 그 문제를 해결해 보려고 넓은 길을 택하는 것은 지혜가 아닙니다. 어리석은 것입니다.

우리 삶의 기준은 항상 말씀이어야 합니다. 많은 사람들이 진리보다 일리를 선택합니다. 일리가 있다고 생각하면 그냥 그 길로 갑니다. 일리는 진리가 아닙니다. 우리는 진리의 길로 가야 합니다. 그 진리의 길은 바로 하나님의 말씀입니다.

# 11장
## : 후회하지 말고 회개하라

여호와께서 나단을 다윗에게 보내시니 그가 다윗에게 가서 그에게 이르되 한 성읍에 두 사람이 있는데 한 사람은 부하고 한 사람은 가난하니 그 부한 사람은 양과 소가 심히 많으나 가난한 사람은 아무것도 없고 자기가 사서 기르는 작은 암양 새끼 한 마리뿐이라 그 암양 새끼는 그와 그의 자식과 함께 자라며 그가 먹는 것을 먹으며 그의 잔으로 마시며 그의 품에 누우므로 그에게는 딸처럼 되었거늘 어떤 행인이 그 부자에게 오매 부자가 자기에게 온 행인을 위하여 자기의 양과 소를 아껴 잡지 아니하고 가난한 사람의 양 새끼를 빼앗아다가 자기에게 온 사람을 위하여 잡았나이다 하니 다윗이 그 사람으로 말미암아 노하여 나단에게 이르되 여호와의 살아 계심을 두고 맹세하노니 이 일을 행한 그 사람은 마땅히 죽을 자라 그가 불쌍히 여기지 아니하고 이런 일을 행하였으니 그 양 새끼를 네 배나 갚아 주어야 하리라 한지라 나단이 다윗에게 이르되 당신이 그 사람이라… 다윗이 나단에게 이르되 내가 여호와께 죄를 범하였노라 하매 삼하 12:1-13

사무엘하 12장을 보면, 다윗이 밧세바와 동침한 후에 나단 선지자가 찾아옵니다. 나단 선지자가 이런 비유를 듭니다.

"왕이여, 어떤 부자는 소와 양이 너무 많아요. 어떤 가난한 사람에게는 암양이 딱 하나밖에 없어요. 그래서 암양을 정말 자기 자식처럼 기르면서 상에서 같이 먹기도 하고 자기도 하면서 예쁘게 길렀습니다. 그런데 그 부자가 그 가난한 사람에게서 암양을 뺏어다가 잡아서 자기 집에 찾아온 손님을 대접했어요."

이 말을 듣고 다윗이 대노해서 "그런 놈은 죽어 마땅하다"고 했습니다. 그러자 나단 선지자가 "그가 바로 당신"이라고 말합니다. 그때 다윗은 나단 선지자의 지적을 받고 눈물로 침상을 적시며 회개했습니다. 시편 51편에 당시 다윗의 회개기도가 담겨 있습니다.

> 무릇 나는 내 죄과를 아오니 내 죄가 항상 내 앞에 있나이다 내가 주께만 범죄하여 주의 목전에 악을 행하였사오니 주께서 말씀하실 때에 의로우시다 하고 주께서 심판하실 때에 순전하시다 하리이다
> 시 51:3-4

하나님은 죄를 미워하십니다. 죄만큼은 반드시 벌하십니다. 그런 점에서 우리는 죽을 수밖에 없는 죄인입니다. 그런데 예수님이 우리의 모든 죄를 대신 지고 십자가에서 죽으시므로 우리는 이제 예수의 이름으로 회개하면 죄를 사함 받을 수 있게 되었습니다. 죽을 수밖에 없는 죄인이었으나 죄를 회개하면 용서 받을 길이 열린 것입니다.

하나님은 회개하는 자를 기뻐하십니다. 회개하면 하나님의 사랑을 받습니다. 회개하면 죄 사함 받는 것은 물론 복까지 주십니다. 그래서 중요한 것은 회개가 몸에 배어야

합니다. 죄를 짓고도 회개하지 않는 것은 뻔뻔한 짓입니다. 그런데 죄를 지어 놓고 하나님께 용서를 비는 것도 뻔뻔하기는 마찬가지입니다. 그렇지만 하나님은 용서를 비는 것을 좋아하십니다. 기뻐하십니다.

### 변명하지 말고 회개하라

다윗이 부족하고 실수도 많았지만 그를 위대한 왕으로 세우신 이유도 바로 진정으로 하나님께 회개하는 마음을 가졌기 때문입니다. 하나님은 회개하는 사람의 그 중심을 보십니다. 그리고 죄를 가리시며 없다고 하십니다. 이에 더해 회복까지 해 주십니다.

죄를 지으면 변명하지 말고 바로 회개해야 합니다. 많은 사람들이 변명하느라 회개하지 못합니다. 다윗이나 사울이나 죄를 짓기는 마찬가지였으나 두 사람을 결정적으로 차별시킨 것은 회개입니다. 다윗은 회개하므로 죄를 용서 받았으나 사울은 회개하지 않고 변명만 하므로 죄를 용서 받지 못했습니다.

구약시대에 제사는 반드시 제사장이 드려야 했습니다. 그런데 사울은 아무리 기다려도 사무엘이 오지 않자 급한 마음에 자기가 대신해 제사를 드렸습니다. 이는 계명을 어긴 것으로 대단히 교만한 행동입니다. 사무엘이 이를 지적하자 사울은 약속 시간에 늦은 사무엘을 탓하며 변명하기 바빴습니다. 아말렉과의 싸움에서도 모두 진멸하라는 하나님의 명령을 어기고 좋은 것을 취해 살려 두었습니다. 이때도 회개하지 않고 하나님께 제사 드리려고 살려 두었다고 변명했습니다.

신앙생활에서 조심해야 할 것이 바로 자신의 죄에 대해 변명하고 합리화하려는 자세입니다. "귀신이 곡한다"는 속담이 있습니다. 사람들이 자기가 잘못해 놓고 자꾸 귀신 때문이라고 하니까, 귀신이 억울해서 곡을 한다는 것입니다. 변명하지 말고 귀신 탓하지 말고, 내 잘못이라고 하나님 앞에 엎드려 회개하십시오.

베드로는 용서 받았지만, 가룟 유다는 용서 받지 못했습니다. 사실 가룟 유다가 예수님을 판 것이나, 베드로가 예수님을 세 번씩이나 부인한 것이나 다를 게 없습니다. 두 사람 다 죄를 짓고 곧 후회하며 통곡했습니다. 하지만 가룟 유다는 은 30냥에 예수님을 판 것을 후회하면서 스스로 목숨을 끊었습니다. 후회만 하지 말고 회개했더라면 베드로처럼 죄 사함을 받고 사도로 쓰임 받았을 것입니다.

우리도 마찬가지입니다. 이런저런 죄를 지었을 때, '왜 내가 그런 짓을 했나' 후회가 됩니다. 그러나 후회하지 말고 회개해야 합니다. 후회만 하고 있으면 불편합니다. 괴롭습니다. 마음의 자유함이 없습니다. 더욱 깊은 구렁텅이로 빠져들게 됩니다. 악한 영이 가룟 유다처럼 '너 목매달아 죽어라' 할지도 모릅니다.

우리가 회개하면 하나님이 용서해 주십니다. 성경은 "만일 우리가 우리 죄를 자백하면 그는 미쁘시고 의로우사 우리 죄를 사하시며 우리를 모든 불의에서 깨끗하게 하실 것이요"(요일 1:9)라고 했습니다. 회개만 하면 하나님이 다시 새롭게 해 주십니다.

변명하지 말고 회개하고, 후회하지 말고 회개합시다. 저는 목회하면서 하나님께 약속한 것이 있습니다. 박수 받고 잘한 것은 모두 주님이 하신 일입니다. 주님만 영광 받으셔야 합니다. 또 '잘못한다, 교만하다'는 소리를 들으면, '그것은 저의 잘못입니다' 생각하고 회개하기로 작정한 것입니다. 조금만 실수해도 변명이나 후회하지 않고, 엎드려 회개할 것입니다.

### 때마다 회개하라

우리는 회개에 길들여져야 합니다. 마음과 몸에 배어야 합니다. 회개는 우리를 씻는 것이기 때문입니다. 예수님이 제자들의 발을 씻기실 때 베드로는 황송해서 "주여, 제 발은 씻기지 마십시오" 했습니다. 그때 예수님은 "네 발을 씻기지 않으면 너와 나는 상관이 없다"고 말씀하셨습니다. 그러자 베드로가 "주님, 아예 목욕을 시켜 주시옵소서" 하니까 주님이 "목욕한 자는 발만 씻으면 된다"고 하셨습니다.

회개가 중요한 것은 덕지덕지 붙어 있는 잘못된 것을 씻어 내고, 하나님의 거룩한 은혜를 담아야 하기 때문입니다. 깨끗한 마음과 몸이 되어야만 하나님의 거룩한 은혜를 담을 수 있습니다. 우리는 매 끼니 깨끗한 그릇에 깨끗한 음식을 담아 먹습니다. 한 번 음식을 담은 그릇은 더러워집니다. 그래서 때마다 그릇을 씻어야 합니다. 때마다 회개하지 않으면 한 그릇에다 아침 점심 저녁을 계속 먹는 것이나 다름이 없습니다.

날마다 회개하는 심령이 되어야 하나님이 우리를 통해 새 일을 행하십니다. 주의 음성이 들리고, 주의 뜻이 깨달아지고, 강 같은 평화와 은혜 가운데 있게 됩니다. 회개하는 심령이 되지 않으면, 거룩한 일을 할 수가 없습니다. 죄가 계속 덕지덕지 붙어 있는 더러운 데서는 문제가 생길 수밖에 없습니다.

이사야서 59장 1절은 "여호와의 손이 짧아 구원하지 못하심도 아니요 귀가 둔하여 듣지 못하심도 아니라"고 말씀하고 있습니다. 바로 나의 죄 때문에 구원 받지도 은혜 받지도 못하는 것입니다. 회개하지 않으면 죄를 씻을 수 없습니다. 하나님의 말씀으로 우리의 심령이 깨끗해져야 합니다. 그럴 때 우리 주님이 우리를 마음껏 쓰십니다.

우리는 부족합니다. 우리는 실수할 수밖에 없습니다. 우리는 정말 허물이 많습니다. 그러나 우리 주님이 우리의 허물을 위해 십자가를 지셨습니다. 우리는 주님만을 의지하고 나오면 됩니다.

다윗은 실수와 허물이 많았지만, 눈물로 회개함으로 용서를 구했습니다. 하나님은 다윗의 그 중심을 보시고 하나님의 마음에 꼭 드는 사람이라고 인정해 주셨습니다.

크리스천이 해야 할 가장 주된 임무는 죄를 피하는 것이 아닙니다. 내가 범한 죄를 인지하는 것입니다. 내가 죄인이라는 사실을 아는 것입니다. 나의 죄를 인지하고 고백할 때 비로소 나를 나의 죄에서 구원하시는 하나님을 인지하고 응답할 수 있게 됩니다.

# 12장
## : 위로부터 오는 평안

내가 누워 자고 깨었으니 여호와께서 나를 붙드심이로다 천만인이 나를 에워싸 진 친다 하여도 나는 두려워하지 아니하리이다 시 3:5-6

사무엘하 15장에는 다윗의 아들 압살롬이 반역을 일으켜 아버지 다윗을 죽이려 하고 다윗은 손으로 얼굴을 가리고 눈물을 흘리면서 맨발로 왕궁을 떠나는 장면이 나옵니다. 시편 3편은 압살롬을 피해 달아날 때 지은 시입니다.

> 내가 누워 자고 깨었으니 여호와께서 나를 붙드심이로다 천만인이 나를 에워싸 진 친다 하여도 나는 두려워하지 아니하리이다 시 3:5-6

이런 상황에서 잠이나 제대로 잘 수 있겠습니까? 밥이나 제대로 먹을 수 있겠습니까? 그런데 다윗은 누워 잤다고 했습니다. 천만 명이 에워싸도 두렵지 않다고 했습니다. 그 비결이 무엇입니까? 주님을 의지하는 믿음으로 심령이 평안할 수 있었던 것입니다.

### 영혼을 덮는 평강

하나님은 환난 중에도 평안할 수 있는 심령을 기뻐하십니다. 하나님을 의지하고 믿는 그 중심 때문입니다. 하나님은 환난을 두려워하고 염려하는 심령을 기뻐하시지 않습니다. 믿음을 볼 수 없기 때문입니다. 하나님은 환난 중에도 평안하다 한 다윗을 '내 마음에 합한 자'라고 축복하셨습니다. 엄청난 곤경을 당했음에도 하나님을 의지하고 평안을 유지하는 그 중심을 기뻐 받으신 것입니다.

평안의 마음이 있을 때 기쁨이 있고 행복할 수 있습니다. 야베스도 '환난을 벗어나 근심이 없게 하옵소서'라고 기도했습니다. 어떤 인생이든 환난이 없을 수 없습니다. 환난은 끊임없이 닥쳐옵니다. 그런 중에도 평안할 수 있는 것은 하나님 아버지를 의지하기 때문입니다.

열왕기하 6장을 보면, 아람 군대가 엘리사를 포위했습

니다. 완전히 둘러싸서 빠져나갈 구멍이 보이지 않자 엘리사의 종 게하시가 '우리가 죽게 되었다'고 두려워했습니다. 하지만 엘리사는 두려워하기는커녕 평안했습니다. 도리어 "우리와 함께한 자가 그들과 함께한 자보다 많다"고 큰소리쳤습니다. 누가 엘리사와 함께한다는 겁니까? 천사입니다. 천군 천사가 엘리사를 호위하고 있으니 두렵지 않다고 한 것입니다. 하나님을 의지하고 평안했으므로 엘리사는 승리할 수 있었습니다.

한나는 자식이 없어서 괴로웠습니다. 남편의 또 다른 아내 브닌나가 자식이 없는 한나를 수시로 멸시하며 괴롭혔습니다. 비록 남편의 사랑을 받고 있지만, 한나는 자식이 없어서 근심했고 성전에 올라가 통곡하며 기도했습니다. 얼마나 간절히 기도했던지 얼굴이 벌겋게 되자 엘리 제사장이 술주정한다고 오해해 그녀에게 술을 끊으라고 꾸짖었습니다. 한나가 그런 엘리 제사장에게 자신의 사정을 털어놓았고, 그러자 엘리 제사장이 "하나님이 너의 기도를 다 허락하시기를 원한다"고 축복해 주었습니다. 그런데 그 순간 한나의 가슴을 무겁게 짓누르던 근심이 사라졌습니다. 상황이 변한 것은 아무것도 없었지만 한나는 "가서 먹고 수심이 없었다"고 합니다. 평안해진 것입니다.

우리 마음에 평안이 있으면 우리를 둘러싼 환경이 바뀝니다. 평안의 삶으로 바뀌는 것입니다. 육신적으로 환난을 당해도 마음이 환난을 당하지 않으면, 결국에는 승리할 수 있습니다. 마음에 평강이 있으면, 환난이 많은 세상에서도 평안의 삶을 살 수 있습니다.

샌디에이고에서 갈보리교회를 시무할 때의 일입니다. 장로님은 한국에서 사업을 하고 부인인 권사님이 미국에서 와서 아들을 공부시키던 가정이 있었습니다. 평소 늘 기도하던 장로님 부부는 아들을 주의 종으로 서원하기까지 했습니다. 아들이 대학 입학을 하면서 우리 교회를 떠나게 되었는데, 어느 날 자동차 사고를 당해 크게 다쳐서 의사에게서 가망이 없다는 선고를 받게 되었습니다.

연락을 받고 병원을 향하는데 마음이 참 힘들었습니다. 아들을 주의 종으로 서원하면서까지 헌신된 삶을 사는 이들 부부를 어떻게 위로해야 할지 마음이 무거웠습니다.

샌디에이고에서 2시간을 운전해 병원에 도착했을 때 저는 깜짝 놀랐습니다. 장로님 부부는 큰일을 당한 사람들 같지 않게 평안해 보였습니다. 도리어 먼 데까지 오느라 수고 많았다며 저를 위로했습니다. 그날 권사님은 제게 이렇게 말했습니다.

"목사님, 이 아이가 지금 깨어나면 너무 아프니까 완전히 고침을 받은 다음에 깨어날 줄 믿습니다."

의사는 살 가망이 없다는데 완전히 고침 받아 깨어날 것이라니, 얼마나 대단한 믿음입니까? 저는 간절히 기도했습니다. "하나님, 나중에 깨어나지 않고 지금 깨어나게 해주세요." 그런데 놀랍게도 하나님이 역사하셔서 정말 두 분의 믿음대로 그 아들이 깨어났습니다. 의사들은 믿을 수 없다고 했습니다. 하나님이 하신 일입니다.

그런 상황에서 장로님 부부처럼 평안할 수 있습니까? 도리어 왜 하필 내 아들이냐며 원망하고 불평하지 않겠습니까? 장로님 부부는 닥친 환난을 하나님께 맡기므로 하나님이 평안을 주셨습니다.

> 평화 평화로다 하늘 위에서 내려오네 그 사랑의 물결이
> 영원토록 내 영혼을 덮으소서
> _찬송가 412장

환난을 만났어도 온 가족이 하나님을 기뻐하며 하나님께 찬양을 드리는 그 중심을 하나님은 '마음에 합한 자'라고 하십니다.

다윗은 하나님의 기름 부음을 받아서 왕이 되었습니다. 그런데 아들이 반란을 일으켰습니다. 세상에 이보다 더 큰 환난은 없을 것입니다. 그러나 다윗은 주를 의지하므로 평안했습니다. 그리고 그런 다윗의 중심을 하나님이 기쁘게 받으셨습니다.

지금 어려운 일을 겪고 있습니까? 주님을 의지하기 때문에 마음이 평안하다면, 그 마음 그대로 평강의 삶이 이루어질 것을 믿습니다.

주님을 의지하시기 바랍니다. 그러면 어떤 일을 만나도 기쁨과 평강을 유지할 수 있습니다. 주님이 인도하시면, 우리는 어떤 환난과 역경 가운데서도 평안할 수 있습니다. 환난 가운데서도 평안할 수 있는 그 중심이 바로 하나님 마음에 합한 것입니다.

# 13장
## : 성전 사랑이 곧 하나님 사랑

여호와께서 주위의 모든 원수를 무찌르사 왕으로 궁에 평안히 살게 하신 때에 왕이 선지자 나단에게 이르되 볼지어다 나는 백향목궁에 살거늘 하나님의 궤는 휘장 가운데에 있도다 삼하 7:1-2

하나님이 축복하셔서 다윗은 평안의 시대를 살게 되었습니다. 사방에 모든 대적을 물리치고 백향목으로 지은 궁전에서 평안히 살게 된 것입니다. 그런데 다윗의 마음 한 구석에는 이런 마음의 부담이 있었습니다.

> 나는 백향목궁에 살거늘 하나님의 궤는 휘장 가운데에 있도다 삼하 7:2

그래서 다윗은 꿈을 꾸었습니다. 하나님이 거하실 아름다운 성전을 지어야겠다는 꿈입니다. 역대상 29장을 보면, 다윗이 성전 공사를 위해 개인 재산 금 3천 달란트와 순은 7천 달란트를 드립니다. 한국 돈으로 치면 2조 7천억에 해당하는 어마어마한 돈입니다. 쫓겨 다니는 중에도 하나님의 성전을 사모하는 다윗의 마음이 시편에 잘 드러납니다.

> 내가 여호와께 바라는 한 가지 일 그것을 구하리니 곧 내가 내 평생에 여호와의 집에 살면서 여호와의 아름다움을 바라보며 그의 성전에서 사모하는 그것이라 시 27:4

다윗은 성전 건축을 위해 엄청난 재산을 내놓았지만 하나님은 그가 아니라 솔로몬이 성전 건축을 할 것이라 말씀하셨습니다. 그러나 다윗의 마음만큼은 기쁘게 받으셨습니다.

> 여호와께서 내 아버지 다윗에게 이르시되 네가 내 이름을 위하여 성전을 건축할 마음이 있으니 이 마음이 네게 있는 것이 좋도다 왕상 8:18

성전을 사랑하는 것이 하나님을 사랑하는 것입니다.

하나님을 사랑하는 마음으로 주님이 거하시는 성전을 건축하려 했던 다윗을 하나님이 기뻐하셨습니다. 다윗은 성전 건축을 위해 헌금을 드리면서, 주의 전이 아름답게 세워지도록 간절히 원했습니다. 그 마음의 중심을 하나님이 기뻐 받으셔서 그 이름을 존귀케 하고, 평안케 하며, 왕위를 견고케 하셨습니다.

사무엘하 7장에서 하나님은 다윗에게 '네 이름을 존귀케 하리라'고 축복하셨는데, 실제로 메시아, 그리스도는 다윗을 통해 오셨고 이 땅에서 "다윗의 자손 예수여"라고 불렸습니다. 다윗이란 이름 때문에 솔로몬이 복을 받았습니다. 약속하신 대로 다윗의 이름을 존귀케 하신 것입니다. 뿐만 아니라 하나님은 다윗의 삶에 평강과 함께 나라를 견고케 하는 축복을 주셨습니다.

우리가 일생을 살아가면서 아름다운 주의 성전을 섬길 수 있는 것은 주님의 축복입니다. 성전 사랑은 말씀 사랑입니다. 성전은 말씀의 집이기 때문입니다.

세상에는 여러 집과 건물이 있지만, 교회가 이들과 다

른 이유는, 거기에 하나님이 위로부터 내려 주시는 영의 양식이 있기 때문입니다. 그러므로 성전에 나오면 말씀을 사모해야 합니다. 어떻게 하면 성전을 통해 내 삶이 말씀 안에 거할까 소원해야 합니다. 말씀 속에 거할 때, 우리 영혼이 날마다 새로워지고 자라고 성숙해집니다.

### 성전 사랑의 구체적 실천

성전 사랑은 기도 사랑입니다. 성전은 '만민이 기도하는 집'입니다. 예수님이 '내 아버지 집은 기도하는 집'이라고 하셨습니다. 교회는 기도가 가득 채워졌을 때 성령이 역사하십니다. 성전 곳곳이 기도하는 장소입니다. 성도들의 심령이 기도로 가득 채워져야 합니다.

성전 사랑은 예배 사랑입니다. 성전은 하나님을 만나는 장소입니다. 그리고 예배는 하나님을 만나는 시간입니다. 성전을 사랑하는 사람은 예배를 사랑하므로 모든 한 주간의 스케줄을 예배에 초점을 맞추고 살아갑니다. 언제

어디서든 항상 주님 앞에 예배드리는 삶이 되도록 마음의 초점을 맞춥니다.

예배 시간에 반드시 하나님을 만나시기 바랍니다. 예배 때마다 기적이 일어나고 응답을 받고 감동을 받으며 하나님의 음성 듣기를 사모하기 바랍니다.

하나님은 신령과 진정으로 예배드리는 자를 찾으십니다. 하나님이 찾으셔서 만나게 된다면 얼마나 감격적이겠습니까? 하나님을 만나면 한 주간을 신바람 나게 살 수 있습니다. 습관적으로 적당히 예배를 드리면 한 주간이 대강 넘어가게 되고 마음이 답답해집니다.

기도하고 싶고, 예배드리고 싶고, 말씀 듣고 싶어 하는 그 마음이 바로 성전 사랑입니다. 하나님은 성전 사랑하는 그 마음의 중심을 보시고 하나님의 마음에 꼭 드는 사람으로 여기십니다.

# 14장
## : 하나님의 선하심을 믿으라

다윗이 땅에서 일어나 몸을 씻고 기름을 바르고 의복을 갈아입고 여호와의 전에 들어가서 경배하고 왕궁으로 돌아와 명령하여 음식을 그 앞에 차리게 하고 먹은지라 그의 신하들이 그에게 이르되 아이가 살았을 때에는 그를 위하여 금식하고 우시더니 죽은 후에는 일어나서 잡수시니 이 일이 어찌 됨이니이까 하니 이르되 아이가 살았을 때에 내가 금식하고 운 것은 혹시 여호와께서 나를 불쌍히 여기사 아이를 살려 주실는지 누가 알까 생각함이거니와 지금은 죽었으니 내가 어찌 금식하랴 내가 다시 돌아오게 할 수 있느냐 나는 그에게로 가려니와 그는 내게로 돌아오지 아니하리라 하니라

삼하 12:20-23

### 하나님은 선하시다

사무엘하 12장에서 다윗왕이 밧세바와 동침해서 낳은 아들이 죽습니다. 하나님이 치신 것입니다. 다윗은 아들이 심히 아프고 병들었을 때 금식을 하며 살려 달라고 기도했습니다. 신하들이 민망해할 정도로 괴로워했습니다. 그러나 아기는 결국 죽었고, 신하들은 다윗의 상심을 염려해 감히 이 사실을 보고하지 못하고 있었습니다. 그때 다윗이 밖에서 웅성거리는 소리를 듣고 "어찌 된 일이냐. 아이가 죽었느냐"고 묻습니다.

그런데 이때부터 다윗이 기이하게 행동하기 시작합니다. 아이가 죽었다는 말을 듣자마자 다윗은 일어나 목욕재계를 하고 기름을 바른 뒤 하나님 전에 나가 경배를 드렸습니다.

그리고 돌아와서는 음식을 가져오라 해서 맛있게 들었습니다. 그 모습이 너무 의아해서 신하들이 물었습니다.

"왕이여 아이가 아파서 죽게 되었을 때 그렇게 괴로워하시더니, 아이가 죽었는데 어떻게 음식을 드실 수 있습니까?"

그러자 다윗이 이렇게 대답합니다.

"아이가 아팠을 때는 혹 살려 주실까 해서 하나님 앞에 기도했지만, 아이가 세상을 떠나지 않았느냐. 괴로워한들 그 아이가 돌아오겠느냐."

다윗은 아들을 데려가신 하나님의 선하심을 믿었습니다. 우리가 생각할 때 최악의 상황임에도 불구하고, '하나님의 선하심을 믿는 중심'을 다윗은 가지고 있었습니다.

고난이 닥쳤다면, 하나님의 선하심을 믿으십시오. 저울이 놓인 탁자에 한 사람이 있다고 생각해 보십시오. 저울의 한쪽 접시에는 그의 고난이 놓여 있습니다. 이 사람은 그 고난을 보고서 그것이 매우 무겁다고 생각합니다. 그래서 그는 저울의 다른 쪽 접시에 장차 나타날 영광을 올려놓습니다. 그러자 이전에 무겁게 보였던 그 고난이 새의 깃털처럼 가볍게 되었습니다. 그 고난이 본래 가벼웠거나 저절로 가벼워진 것이 아닙니다. 그것은 오직 다른 한쪽 접시에 놓여 있는 더 무거운 것보다 가볍게 되었을 뿐입니다.

예수님을 따르는 삶, 다윗과 같은 삶, 믿음의 삶을 산다고 해서 고통에서 면제되는 것은 아닙니다. 그리스도인들도 비그리스도인들처럼 암에 걸립니다. 신자들도 비신자들처럼 교통사고를 당합니다. 망치로 엄지손가락을 내리치면, 당신이 그리스도를 주님으로 고백하기 전이나 후나 똑같이 아픕니다.

다윗과 사울은 둘 다 침울하고 끔찍한 상황을 경험했습니다. 그러나 한 사람은 극복하고 승리한 반면에, 다른 한 사람은 절망감에 빠져 결국 패하고 말았습니다. 처절한 상황 속에서 다윗이 평안할 수 있었던 이유는 하나님이었습니다. 다윗은 하나님께 소망을 두었던 것입니다.

사울은 고통때문에 더 거만하고 지독하고 외로워졌습

니다. 하지만 다윗은 고통을 자비와 은혜와 사랑의 하나님을 만나는 계기로 삼았습니다.

베드로가 복음을 전하다가 옥에 갇히자, 하나님이 천사를 보내어 그 옥에서 건져 내셨습니다. 베드로를 건져 내신 하나님은 참 좋으신 하나님입니다. 바울과 실라도 옥에 갇혀 있을 때, 천사를 보내어 건져 주셨습니다. 반면에 스데반은 어떻습니까? 돌에 맞아 죽었습니다. 얼마든지 막아 주실 수 있는데도 불구하고, 돌에 맞아 죽게 하신 하나님도 선하신 하나님입니다.

하나님은 선하십니다. 하나님이 행하시는 모든 일이 선합니다. 왜냐하면 하나님은 '선'이기 때문입니다. 우리는 최악의 환경에 직면했을 때 하나님을 의심합니다. 그동안 하나님을 믿고 신앙생활 열심히 했는데, '왜 내게 이런 일이 일어나는 것일까' 하고 말입니다. 하지만 최악의 환경을 허락하신 하나님도 선하신 하나님입니다. 반드시 지나 놓고 보아야 합니다.

축복의 역사는 아직 끝나지 않았습니다. 사람들은 중

간 결산을 하려고 하지만 그러지 마십시오. '아직 내 때는 오지 않았다'고 생각하십시오. 정말 축복의 때는 아직 오지 않았습니다. 하나님의 선하심을 믿고 기다리십시오. 반드시 가장 적절한 때에 응답해 주실 것입니다. 하나님의 선하심을 믿고 인정할 때, 그 중심을 보시고 '하나님 마음에 합한 자'로 축복하실 것입니다.

> 우리가 알거니와 하나님을 사랑하는 자 곧 그의 뜻대로 부르심을 입은 자들에게는 모든 것이 합력하여 선을 이루느니라 **롬 8:28**

### 고난도 주의 선하신 은혜다

사도행전 27장에서 바울은 죄수의 신분으로 배를 타고 로마로 호송되고 있습니다. 그런데 유라굴로 광풍을 만나 배가 파선하고 14일 동안 표류하게 되었습니다. 배에 탄 276명이 모두 죽을 것 같았으나, 다행히 전혀 생각지도 못한 멜리데라는 섬에 도착해 살아났습니다. 비가 오고 날이

추위 불을 피웠으나 독사가 바울의 손을 물었습니다.

왜 이런 일이 벌어집니까? 바울은 하나님이 이방인의 사도로 세워 로마에 가서 복음을 전하라는 사명을 받았습니다. 그런데 왜 하나님의 종이 탄 배가 파선합니까? 왜 하필이면 독사가 바울의 손을 뭅니까?

우리는 하나님의 일을 하는 사람들에겐 하나님이 평탄한 길만 주실 것이라 기대합니다. 그래서 바울에게 이런 어려움들을 허락하신 하나님을 이해하지 못합니다. 하지만 배가 파선당하게 하고 독사에 손이 물리게 하신 하나님도 선하심을 믿어야 합니다. 지나 놓고 봐야 합니다. 하나님은 멜리데 섬의 사람을 구원코자 하는 선하신 뜻이 있었던 것입니다.

처음에 바울은 항해를 반대했습니다. 그런데 죄수 중에 하나인 바울의 말을 누가 듣겠습니까? 어려움이 닥치니 일약 바울이 지도자로 세워지게 되었습니다.

내가 너희를 권하노니 이제는 안심하라 너희 중 아무도 생명에는 아무런 손상이 없겠고 오직 배뿐이리라 내가 속한 바 곧 내가 섬기는 하나님의 사자가 어제 밤에 내 곁에 서서 말하되 바울아 두려워하지 말라 네가 가이사 앞에 서야 하겠고 또 하나님께서 너와 함께 항해하는 자를 다 네게 주셨다 하였으니 행 27:22-24

바울이 독사에 물렸으나 전혀 상함을 입지 않았습니다. 이를 본 모든 사람들이 바울에게 엎드렸습니다. 열병과 이질에 걸린 추장의 아버지가 바울이 안수하여 낫게 되었습니다. 또 병든 섬사람들이 모두 와서 병 고침을 받고 복음을 받아들였습니다.

부득불 배가 파선되기도 하고 뱀에 물리기도 했지만, 결국에는 합력하여 선을 이루었습니다. 주 안에 있으면 망하는 법이 없습니다. 최악의 상황이라도, 이를 허락하신 하나님은 선하신 분입니다. 김광신 목사님을 대장암에 걸리게 하신 하나님도 선하신 하나님입니다. 하나님이 사모님에게 이렇게 말씀해 주셨다고 합니다.

"내 종은 내 방법으로 쉬게 한다."

평소 제발 좀 쉬면서 하라 해도 말을 듣지 않던 목사님을 하나님이 당신의 방법으로 쉬게 하신 것입니다. 수술 후 회복하는 기간이 목사님이 쉬는 시간이었던 것입니다.

제 아우가 결혼하게 되어 한국의 모든 가족이 온 적이 있습니다. 예수를 안 믿는 작은형이 라스베이거스 카지노에 가자고 졸랐습니다. 우리 집에 온 손님을 잘 대접해서 전도해야 하지만 제가 그곳에 모시고 갈 수는 없었습니다. LA식물원과 한인타운을 구경시켜 드리기로 하고 사역 때문에 함께 가지 못하는 저 대신 아내가 운전을 해서 가기로 했습니다. 저의 두 아들(한 살과 두 살)과 큰형님 부부, 작은형님, 큰누님 부부를 모시고 떠난 지 10분 만에 전화가 왔습니다. 대형 사고가 났다는 것입니다. 급히 가 보니 프리웨이 옆 길바닥에 쭉 눕혀 놓고 흰 천으로 덮어 놨습니다. 아내와 두 아들만 멀쩡하고, 나머지 사람들은 모두 다리가 부러지는 등 상해를 입었습니다.

당시 아내가 운전을 했는데, 전방 50m 앞을 달리던 차가 웬일인지 왔다 갔다 하더니 갑자기 난간을 들이받고는 후진해서 우리 차를 들이받더랍니다. 운전석 쪽으로 차가 밀려온 것인데 웬일인지 아내는 말짱하고 다른 사람들만 다쳤습니다. 병원에서 치료를 받고 집에 왔는데 방마다 깁스를 하고 누워 있는 모습이 얼마나 민망하던지요. 저는 씁쓸한 기분으로 예수님을 만난 분들의 간증 테이프를 틀어 주고 나왔습니다. 그날 이후 믿음이 연약했던 형제들이 성경을 읽고 기도하는 신실한 크리스천들이 되었습니다.

어찌 주의 종의 집에 이런 일이 생길 수 있나 할 것입니다. 하지만 이것도 모든 것을 선으로 바꿔 주시는 주님의 은혜입니다. 주 안에서는 망하는 법이 없습니다. 우리 삶에 어려움과 고달픔이 있어도, 이것을 허락하신 하나님은 선하고 좋으신 분입니다.

다윗은 모든 일에 하나님의 선하심을 믿는 중심을 가졌습니다. 만일 다윗이 아들의 죽음을 원망하고 매일 술이나 마셨다면 훌륭한 왕이 되었겠습니까? 하나님의 선하심을 믿으므로 다윗은 다시 일어설 수 있었고, 하나님이 그 마음의 중심을 기뻐하셨습니다.

우리가 괴로워하고 고통 속에 사는 것은 하나님의 뜻이 아닙니다. 내가 부족해서 실수하고 어려움을 만났다 할지라도, 그 일로 좌절하는 것은 하나님이 기뻐하시는 모습이 아닙니다. 훌훌 털어 버리고 다시 은혜 주실 것을 믿어야 합니다. 하나님은 다윗에게 좋은 아들 솔로몬을 주셨습니다.

# 15장
## : 하나님이 기뻐하시는 의리와 관용

다윗이 그에게 이르되 무서워하지 말라 내가 반드시 네 아버지 요나단으로 말미암아 네게 은총을 베풀리라 내가 네 할아버지 사울의 모든 밭을 다 네게 도로 주겠고 또 너는 항상 내 상에서 떡을 먹을지니라 하니 삼하 9:7

다윗은 통일 이스라엘의 왕이 된 뒤 사울의 집안에 대해 호의를 베풀었습니다. 요나단은 사울의 아들이지만 다윗과 의형제를 맺은 둘도 없는 친구였으며 여러 번 죽을 고비에서 구해 준 은인이기도 했습니다. 다윗과 요나단이 오래전 서로 약조한 것이 있습니다.

> 우리 두 사람이 여호와의 이름으로 맹세하여 이르기를 여호와께서 영원히 나와 너 사이에 계시고 내 자손과 네 자손 사이에 계시리라
> 삼상 20:42

하나님이 마침내 사울 왕가를 몰락시키셨습니다. 사울도 죽고 요나단도 죽었습니다. 요나단에겐 아들 므비보셋

이 있었는데, 전쟁 중에 유모가 당시 다섯 살이던 아이를 업고 허겁지겁 도망가다가 그만 발을 헛디뎌 아이를 땅에 떨어뜨리는 바람에 발목이 부러져 다리를 절게 되었습니다. 므비보셋은 사울 가문의 유일한 후손이었지만 아무도 그 사실을 몰랐습니다. 왕족의 신분임이 알려지게 되면 목숨이 위태로울 터이므로 철저히 숨겼던 것입니다.

므비보셋이 숨어 지내는 동안 다윗이 통일 왕국의 왕이 되었습니다. 다윗이 요나단과 약속을 지키기 위해 그 자손을 살펴보니 므비보셋이 살아 있음을 알게 되었습니다. 다윗은 그를 데려다가 사울 왕가의 모든 재산을 되돌려 주었습니다. 또 사울의 종이던 시바로 하여금 므비보셋의 농지와 업무를 돌보게 했습니다. 그리고 왕자처럼 왕의 상에서 함께 먹도록 했습니다.

하나님이 관용과 의리를 기뻐하시는 것은 예수님을 보면 잘 알 수 있습니다.

세 번이나 자신을 부인한 베드로를 예수님은 부활 후 찾아가셨습니다. 그러고는 "네가 이 사람들보다 나를 더 사랑하느냐"고 물으셨습니다. "베드로, 너 그렇게 큰소리 치더니 어째서 세 번이나 나를 부인했느냐"고 다그칠 만도 한데 예수님은 그러시지 않았습니다. 베드로가 얼마나 황송했겠습니까? 베드로의 믿음도 대단합니다. "내가 주를 사랑하는지 주께서 아시나이다." 부족하고 실수가 많음에도 주님은 베드로를 교회의 반석으로 삼으셨습니다. 주님의 넓은 품을 알 수 있습니다.

예수님은 십자가에 못 박히셨을 때도, 자신을 죽이려는 저들을 용서해 주기를 기도하셨습니다. 그리고 "너희 관용을 여러 사람들이 알게 하라", "모든 사람을 만날 때마다 너그럽게 대하라", "의리를 지키는 중심을 가지라"고 말씀하셨습니다.

### 한 사람의 인생을 바꾼 관용

영화와 뮤지컬로 공연된 적이 있는 레 미제라블(Les Misérables)은 빅토르 위고의 《레 미제라블》이 원작인데,

이 작품에서 관용과 용서를 통해 성인(聖人)으로 거듭나는 한 인간의 삶이 조명되고 있습니다. 평생 쫓겨 다니던 죄수 장발장의 인생은, 여러 모로 본향을 향해 달려가는 크리스천의 삶과 닮았습니다.

빵을 훔친 죄로 19년 중노동을 선고 받은 장발장은 점점 사나운 죄수가 되어 갔습니다. 주먹 싸움에서 그를 이길 사람도, 그의 의지를 꺾을 사람도 없었습니다. 드디어 출소의 날이 왔습니다. 그러나 당시 죄수들은 신분증을 가지고 다녀야 했기에, 어느 여관 주인도 이 위험한 전과자를 받아 주려 하지 않았습니다. 궂은 날씨에 묵을 곳을 찾아 나흘간 시골 길을 헤매던 그에게 마침내 어느 친절한 신부가 자비를 베풉니다.

그날 밤 장발장은 너무나 편안한 침대에 누워 있다가 신부와 그 누이가 잠자리에 들자, 침대에서 일어나 찬장을 뒤져 은잔을 훔쳐서는 어둠 속으로 달아났습니다. 이튿날 아침 경찰 세 명이 장발장을 끌고 와 신부의 집을 두드립니다. 훔친 은잔을 들고 달아나던 범인을 붙잡은 것입니다. 그러나 신부의 반응은 누구도 예상하지 못한 것이었습니다. 특히 장발장은 말할 것도 없었습니다.

"다시 오셨군요!"

신부는 장발장에게 큰 소리로 말했습니다.

"참 다행입니다. 제가 촛대까지 드렸던 걸 잊어버리신 모양이죠? 그것도 은이라서 족히 200프랑은 나갈 겁니다. 깜빡 잊고 놓고 가셨나요?"

장발장은 눈이 휘둥그레졌습니다. 그저 말로 표현할 수 없는 심정을 눈빛에 담아 노신부를 쳐다보았을 뿐입니다. 신부는 경찰에게 장발장은 도둑이 아니라면서 "이 은잔은 제가 선물로 준 것입니다"라고 말했습니다.

경찰이 떠나자 신부는 할 말을 잃은 채 떨고 있는 장발장에게 촛대를 주며 말했습니다.

"그 돈을 정직한 사람이 되는 데 쓰기로 저와 약속한 것을 절대 잊지 마십시오. 잊으시면 안 됩니다."

인간의 복수 본능을 넘어선 신부의 은혜와 관용에 장발장의 삶은 완전히 달라집니다. 촛대를 은혜의 소중한 상징물로 간직하며 이후 어려운 이들을 돕는 데 여생을 바친 것입니다.

하나님은 의리를 지키고 관용을 베푸는 중심을 가진 자를 축복하십니다. 하나님이 들어 쓰신 사람들은 모두 관용을 베풀고 의리를 지켰습니다. 파란만장한 삶을 살았던 요셉은 우여곡절 끝에 국무총리가 되었을 때, 자신을 팔아넘긴 형들에게 복수하지 않고 오히려 관용을 베풀었습니다. 형들의 자녀들까지 애굽으로 이민 초청해서 보살펴 주었습니다.

어떻게 보면 요셉이 복 받은 것은 보디발 가정 덕분입니다. 보디발의 아내로 인해 감옥에 들어가서 술 맡은 관원장을 만난 것이 계기가 되어 왕을 만날 수 있었고, 국무총리의 자리까지 오를 수 있었습니다. 다 지나고 보면 하나님의 인도하심이었습니다. 우리는 하나님의 선하심을 믿고 모든 것을 용납할 수 있는 마음을 가져야 합니다.

제가 은혜교회에 있다가 샌디에이고 갈보리교회로 갈 때는 혼자였습니다. 하지만 은혜교회로 다시 돌아올 때는 갈보리교회에 수많은 중보기도자들이 세워져 그들의 기도를 받고 왔습니다. 교회에 세워진 중보기도자들이 저의 큰 재산입니다. 하나님이 그런 귀한 동역자들을 붙여 주신 것이 얼마나 감사한지 모릅니다.

제가 중보기도자들의 동역으로 목회를 할 수 있듯이, 저 역시 남은 생애를 선교에 헌신한 김광신 원로목사님을 힘을 다해 돕고 싶습니다. 마리아가 옥합을 깨서 예수님의 발을 씻겨 드렸을 때 예수님은 "복음이 전파되는 곳에서는 이 여자가 행한 일도 말하여 그를 기억하리라"(마 26:13)고 하셨습니다. 하나님이 우리를 사용하시는 결정적인 타임이 있습니다. 하나님과 아름다운 사역을 할 수 있다는 것이 얼마나 감동적입니까.

사람들은 원로목사님과 담임목사의 아름다운 동역을 부러워하며 "어떻게 한결같이 좋은 관계를 유지 하느냐?"고 묻습니다. 유지하는 방법은 한가지입니다. 원로목사님은 저에게 복음을 전해 주시고 양육해 주신 영적 부모님입니다. 부모를 공경하라는 말씀은 하나님의 명령이기에 제가 섬기는 것은 당연한 도리입니다.

> 네 부모를 공경하라 그리하면 네 하나님 여호와가 네게 준 땅에서 네 생명이 길리라 출 20:12

하나님이 원로목사님과의 동역을 기뻐하시고 세계 선교를 더 힘차게 할 수 있도록 도와주십니다. 그리고 은퇴하신 선교사님들을 생각하게 하셔서, 생활할 집이 없는 선교사님들을 위해 은퇴 선교관을 건축하게 하셨습니다. 우리는 주 안에 한 가족이기 때문입니다.

나의 삶을 움직이는 수단으로 무엇을 사용하고 있습니까? 힘입니까, 아니면 사랑입니까? 통제권을 쥐기 위해 조종하고 관리하는 사람이 되겠습니까, 아니면 사랑하기 위해 관대하고 마음을 여는 사람이 되겠습니까?

다윗은 친구 요나단의 유일한 아들인 므비보셋을 권력을 이용해 처단하지 않고 오히려 요나단과 한 사랑의 언약을 지킬 대상으로 예우했습니다.

사랑만이 적을 친구로 변화시킬 수 있는 유일한 힘입니다. 미움을 미움으로 맞서서는 절대로 원수를 없앨 수 없습니다. 미움은 본질상 파괴하고 무너뜨립니다. 하지만 사랑은 본질상 창조하고 증진시켜 줍니다. 사랑은 구속의 힘을 통해 변화를 가져옵니다.

# 16장
## : 대답하기를 기뻐하시는 하나님

이에 다윗이 여호와께 묻자와 이르되 내가 가서 이 블레셋 사람들을 치리이까 여호와께서 다윗에게 이르시되 가서 블레셋 사람들을 치고 그일라를 구원하라 하시니 다윗의 사람들이 그에게 이르되 보소서 우리가 유다에 있기도 두렵거든 하물며 그일라에 가서 블레셋 사람들의 군대를 치는 일이리이까 한지라 다윗이 여호와께 다시 묻자온대 여호와께서 대답하여 이르시되 일어나 그일라로 내려가라 내가 블레셋 사람들을 네 손에 넘기리라 하신지라 삼상 23:2-4

다윗은 사울왕에게 쫓겨 다니던 중 블레셋 사람들이 그일라를 침범했다는 소식을 듣습니다. 동족이 약탈당한다는 소식을 듣고 다윗은 "내가 가서 블레셋 사람들을 치리이까" 하고 하나님께 물었습니다. 비록 도망자 신세이긴 하나 동족의 아픔을 외면할 수 없는 다윗의 심정을 읽을 수 있습니다. 하나님은 이에 대해 "블레셋 사람들을 치고 그일라를 구원하라"고 응답하십니다.

그런데 다윗의 부하들이 블레셋에 대항하는 전쟁을 할 수 없다고 거세게 반대했습니다. 사울에게 쫓겨 다니는 것도 벅찬데 어떻게 전쟁까지 할 수 있겠느냐는 것이 그들의 반대 이유였습니다. 다윗은 다시 하나님께 무릎을 꿇고 묻습니다. 하나님은 여전히 같은 대답을 하십니다. 그러자 다윗은 담대히 전쟁에 나섰고 승리했습니다.

하나님은 의논하는 사람을 기뻐하십니다. 묻고 또 물어보아도 다 응답하십니다. 어떤 일을 하기 전에 기도하면서 물어보고 또 의논하는 것을 기뻐하십니다.

하나님이 소돔과 고모라를 멸망시키고자 하실 때, 아브라함이 끈질지게 묻고 또 물었습니다. 그럼에도 소돔과 고모라는 의인 10명이 없어서 멸망했지만, 롯의 가정만은 구원을 받았습니다. 비록 롯의 처는 뒤를 돌아보았다가 소금기둥이 되었지만, 롯의 가정은 아브라함의 중보기도 덕분에 살아날 수 있었습니다.

### 하나님의 음성을 들었으나

갈보리교회에 부임할 때 마음고생을 좀 했습니다. 갈보리교회의 청빙을 받았을 때 은혜교회 김광신 목사님은 가지 말라고 만류했습니다. 그런데 갈보리교회의 한 성도가 "우리는 목사님에 대해 응답을 받았는데 목사님은 응답을 못 받으셨습니까?"라고 적힌 카드를 보냈습니다. 당황스러웠습니다. 만일 성령님이 가라고 한 것을 내가 가지 않는다면 하나님께 대한 불순종이 될 것입니다. 그래서 기도원으로 올라가 "하나님, 어떻게 할까요?" 물었습니다. 그때 하나님이 "샌디에이고에 가라"고 하셨습니다.

김 목사님이 마침 아프리카에서 돌아왔기에 만나서 말씀을 드려야 하는데 3일간 몸살까지 앓으며 벙어리 냉가슴 앓듯 했습니다. 담임목사가 가지 말라는데 부목사가 가겠다고 하면 어떻게 생각할까 두려웠습니다. 그러다 이것은 성령님이 인도하시는 일이므로 담대히 말씀드리자 마음먹고 나아갔습니다.

"목사님, 저는 모르겠습니다. 기도해 보세요."

"뭘 기도해?"

"성령님이 저에게 샌디에이고로 가래요."

"보름 동안 기도해 보자."

저에게 말씀하신 분이 성령님이니, 목사님께도 똑같이 말씀하시지 않았겠습니까? 그날 밤 목사님이 간절히 기도

하더니 응답을 받았다면서 부목사들을 다 불렀습니다.

"한 목사는 샌디에이고로 가고, 다른 목사들도 이 기회에 개척하려면 해. 나는 교회로 돌아온다."

당시 김광신 목사님은 러시아에 선교사로 나갈 작정이었는데 그 계획을 접고 목회에 전념하게 되었습니다. 저는 은혜교회 교인들과 정이 많이 들었기 때문에 떠나는 것이 참 힘들었습니다. 샌디에이고로 떠나기 전날, 아프리카 우간다의 현지 목사님이 오셔서 오후에 교역자들만 모아 놓고 은사집회를 갖겠다고 했습니다. 내일이면 이사를 가야 하니 분주하기도 하고 마음도 착잡했지만 집회에 참석했습니다. 그런데 그날 강사 목사님이 저를 일으켜 세우더니 이렇게 말했습니다.

"하나님이 당신을 어느 도시로 보내십니다. 거기는 악한 영들이 많이 역사하는데 하나님이 당신에게 은사와 능력을 주셔서 다 물리치고, 그 땅을 뒤집는 놀라운 성령의 역사가 있을 것입니다. 모두들 한 목사를 향해서 손을 들고 축복해 주십시오."

그날 집회는 본의 아니게 저를 위한 집회가 되어 버렸습니다. 하나님은 제가 잘 알지도 못하는 아프리카 목사님을 통해 은혜를 주셔서 샌디에이고 갈보리교회로 보내시는 하나님의 뜻을 다시 확인시켜 주시는 시간이 되었습니다.

70명의 성도가 출석하던 갈보리교회가 전교인이 천명이 넘는 교회로 성장하게 된 것도 대답하기를 기뻐하시는 하나님의 응답입니다.

샌디에이고 갈보리교회를 떠나 은혜교회에 부임한 것도 성령님의 음성을 듣고 순종함으로 이루어졌습니다. 당시 샌디에이고 갈보리장로교회는 너무 좋은 교회였습니다. 암 수술을 하고 회복 중이던 하용조 목사님이 잠시 샌디에이고에서 요양하고 있을 때 제가 목회하던 샌디에이고 갈보리교회에 출석한 적이 있었는데, 그때 저를 격려하며 칭찬해 주시던 이야기가 지금도 가끔 생각납니다.

"내가 보니 샌디에이고 갈보리교회는 성령과 목회와 선교가 잘 균형이 잡힌 좋은 교회입니다."

목회지를 옮기는 일은 정말 어렵습니다. 더욱이 열성을 다해 성심으로 섬기던 좋은 교회를 떠나야 한다는 것은 참으로 힘든 일이었습니다. 특별히 사랑하는 성도들과의 이별이 더욱 어려웠습니다. 저는 김광신 목사님이 저에게 은혜교회의 목회를 요청한 날부터 무려 4년을 씨름하며 하나님께 기도하는 시간을 가졌습니다.

김광신 목사님이 대장암 수술을 하면서 저는 결국 두 손을 들고 순종하게 되었습니다. 당시 은혜교회는 정말 어려운 상황이었습니다. 지금의 교회 건물은 샀지만 교회 운영 용도로 허가를 받지 못한 상태였기 때문에 다른 미국 교회 건물을 빌려서 오후 예배를 드리는 상황이었습니다. 교회는 김 목사님의 암 투병과 교회당 이전의 문제로 교세가 심각할 정도로 감소하고 있었습니다.

게다가 세계 선교지에 나가서 사역하고 있는 많은 선교사님들을 후원하기 위한 선교비와 건물 모기지 페이먼트로 재정 상태는 매우 어려운 가운데 있었습니다. 현실적으로 샌디에이고 갈보리교회는 재정 문제도 없고, 교회는 평안하고, 마음껏 사역할 수 있는 상황이었기 때문에 은혜교회로 사역지를 옮기는 일이 솔직히 쉬운 일은 아니었습니다.

그러나 크리스천들에게, 특별히 주의 종에게 중요한 점은 주님의 뜻대로 사는 삶을 살아야 한다는 것입니다. 주님이 원하시는 것이 무엇인가를 아는 것이 중요합니다. 주님의 뜻을 구하고 그 뜻에 순종하면 주님께서 책임지시는 은혜를 받을 수 있습니다.

저는 주님께 정말 간절하게 물어보는 시간을 지냈습니다. 그 시간 가운데 주님은 너무도 분명하게 은혜교회를 보여주시고, 앞으로 진행될 성전 건축과 사역 비전까지 보여 주셨습니다. 그때 저는 확신을 가지고 순종할 수 있었습니다.

지금 은혜교회가 부흥하여 이민교회와 세계선교사역을 위하여 아름답게 쓰임 받고 있는 것도 순종하며 나아갈 때 응답하시는 하나님의 역사입니다. 우리의 미래, 축복과 가치, 명성과 성공이 사랑 많으신 하나님의 손 안에 있고 그분의 통제 아래 있다는 것을 일단 이해하게 되면, 우리는 편안히 기대고 앉아서 안식할 수 있게 됩니다. 자녀들을 향한 하나님의 계획은 '절망이 아니라 소망'이기 때문입니다.

우리가 갈등하고 고민하는 문제의 해답은 우리 자신에게 있지 않고 하나님께 있음을 알아야 합니다. 도덕주의나 율법주의와 같은 육체의 노력을 통해 하나님을 기쁘게 하려 하지 마십시오. 하나님의 뜻을 묻고 또 물으며 성령님과 동행함으로 하나님을 기쁘시게 하십시오. 오로지 그분과의 연합 속에서만, 그분의 음성을 듣고 그 명령을 지킴으로써만 우리는 거룩해질 수 있습니다.

# 17장
## : 신본주의 신앙을 가지라

왕이 이르되 스루야의 아들들아 내가 너희와 무슨 상관이 있느냐 그가 저주하는 것은 여호와께서 그에게 다윗을 저주하라 하심이니 네가 어찌 그리하였느냐 할 자가 누구겠느냐 하고 또 다윗이 아비새와 모든 신하들에게 이르되 내 몸에서 난 아들도 내 생명을 해하려 하거든 하물며 이 베냐민 사람이랴 여호와께서 그에게 명령하신 것이니 그가 저주하게 버려두라 혹시 여호와께서 나의 원통함을 감찰하시리니 오늘 그 저주 때문에 여호와께서 선으로 내게 갚아 주시리라 하고 삼하 16:10-12

### 신본주의 신앙과 인본주의 신앙

압살롬이 반역을 일으키자 다윗이 처참한 신세로 왕궁을 떠났습니다. 손으로 얼굴을 가리고 눈물을 흘리면서 얼마나 급했으면 맨발로 떠났습니다. 더더군다나 그런 다윗을 향해 저주를 퍼붓는 자가 있었습니다.

사울의 족속의 모든 피를 여호와께서 네게로 돌리셨도다 그를 이어서 네가 왕이 되었으나 여호와께서 나라를 네 아들 압살롬의 손에 넘기셨도다 보라 너는 피를 흘린 자이므로 화를 자초하였느니라 하는지라 삼하 16:8

반란을 일으킨 장본인이 아들입니다. 그러니 다윗의

마음이 얼마나 괴로웠겠습니까? 이루 말할 수 없는 고통 가운데 있는 다윗을 시므이가 조롱과 멸시로 더 괴롭게 합니다. 다윗의 충신 아비새가 시므이의 머리를 벨 것을 청했으나 다윗은 만류하며 이렇게 말합니다.

> 그가 저주하는 것은 여호와께서 그에게 다윗을 저주하라 하심이니 네가 어찌 그리하였느냐 할 자가 누구겠느냐 하고 또 다윗이 아비새와 모든 신하들에게 이르되 내 몸에서 난 아들도 내 생명을 해하려 하거든 하물며 이 베냐민 사람이랴 여호와께서 그에게 명령하신 것이니 그가 저주하게 버려두라 삼하 16:10-11

하나님의 주권을 철저히 인정하는 모습입니다. 사무엘하 19장에서는 압살롬의 반란을 진압한 뒤 왕궁으로 돌아오는 다윗 앞에 시므이가 엎드려 용서를 구하는 장면이 나옵니다. 옆에 있던 아비새가 "죽여야 마땅하다"고 고하나 다윗은 이때도 그를 만류하며 이렇게 말합니다.

오늘 어찌하여 이스라엘 가운데에서 사람을 죽이겠느냐 내가 오늘 이스라엘의 왕이 된 것을 내가 알지 못하리요 하고 왕이 시므이에게 이르되 네가 죽지 아니하리라 하고 그에게 맹세하니라
삼하 19:22-23

역시 하나님의 주권을 인정하는 모습입니다. 이처럼 신본주의 신앙을 갖는 것이 참으로 중요합니다. 인본주의와 신본주의는 굉장한 차이가 있습니다. 인본주의 신앙은 사건을 만나면 인간적으로 해석하고 따집니다. 합리적으로 전후 관계를 따지다 보니 하나님의 뜻과 상관없을 때가 많습니다. '일리 있으면' 그만입니다. 그러나 일리를 좇으면 안 됩니다. 진리를 좇아야 합니다. 하나님의 말씀인 성경이 진리입니다.

하나님의 주권을 인정하는 것, 모든 것이 하나님에게서 나온다는 것이 신본주의 신앙입니다. 하나님의 주권을 믿을 때, 우리는 환난 중에도 평안할 수 있고, 환난의 배후에 있는 하나님의 뜻을 깨달을 수 있습니다.

로마서 11장 36절은 "이는 만물이 주에게서 나오고 주

로 말미암고 주에게로 돌아감이라 그에게 영광이 세세에 있을지어다"라고 말씀하고 있습니다. 하나님의 주권, 즉 신본주의를 말하고 있습니다.

'내가 왜 이런 집안에서 태어나야 하나, 내가 왜 이런 사람을 만나야 하나, 내가 왜 이런 일을 해야 하나' 하면서 고통스러워하는 사람들이 있습니다. 하나님의 주권을 인정하십시오. 하나님의 주권을 인정하면 그렇게 불평하며 고통스러워하는 대신 '하나님이 이런 일을 하라고 나에게 이런 환경을 허락하셨구나'를 발견하게 됩니다. 하나님의 뜻을 알게 되면, 고통 중에도 감사할 수 있습니다.

욥은 동방의 의인이요, 부자요, 그리고 하나님이 인정하시는 사람이었습니다. 그런 그가 사탄의 계략으로 엄청난 시련을 겪게 되었습니다. 하루아침에 전 재산을 잃었고, 10명의 자식이 한꺼번에 죽고 말았습니다. 욥 역시 병을 얻어 정수리부터 발바닥까지 종기가 나서 질그릇 조각으로 긁지 않으면 안 되는 신세가 되었습니다. 그런 욥이 다음과 같이 고백했습니다.

이르되 내가 모태에서 알몸으로 나왔사온즉 또한 알몸이 그리로 돌아가올지라 주신 이도 여호와시요 거두신 이도 여호와시오니 여호와의 이름이 찬송을 받으실지니이다 하고 욥 1:21

욥은 철저히 신본주의 신앙을 가졌습니다. 큰 환난을 당했지만, 입술로 범죄하지 않았고 하나님을 향하여 원망하지 않았습니다. 오히려 여호와의 이름을 찬송했습니다. 우리가 신본주의 신앙을 가질 때, 하나님은 그 중심을 보시고 엄청난 일들을 이루어 가십니다.

어떤 사람은 '주신 이는 하나님이시요, 취한 자는 마귀요' 하는 사람이 있습니다. 조금만 잃어버리면 마음이 괴로워서 어쩔 줄을 모릅니다. 누구나 환난을 당하면 고통스럽습니다. 그러나 신본주의 신앙을 갖게 되면, 환난 속에서도 찬송이 나오게 됩니다. 하나님의 주권을 믿고 의지할 수 있기 때문입니다.

욥의 아내는 인본주의 신앙을 가졌습니다. 환난으로 고통 가운데 있는 욥에게 "당신이 그래도 자기의 온전함을 굳게 지키느냐 하나님을 욕하고 죽으라"(욥 2:9)고 말했습니다. 인간적으로 보면 욥의 아내가 충분히 이해됩니다. 모든 걸 갖추고 살던 집이 하루아침에 쑥대밭이 되었으니 얼마나 기가 막히고 속상했겠습니까? 그런 중에도 남편인 욥이 하나님을 찬양하니 도무지 공감이 되지 않고 오히려 꼴도 보기 싫을 만큼 미웠을 것입니다. 그러니 '차라리 죽으라'고 패악을 부릴 수밖에요. 이것이 인본주의 신앙의 모습입니다.

부부간에도 신앙의 온도가 비슷해야 합니다. 욥은 신본주의로 살려고 하는데, 그 아내는 인본주의로 살려고 합니다. 부부가 똑같이 신본주의 신앙을 갖는 것이 참으로 중요하며 커다란 축복입니다.

### 주님의 뜻을 이루소서

주님의 뜻을 이루소서 고요한 중에 기다리니 진흙과 같

은 날 빚으사 주님의 형상 만드소서

주님의 뜻을 이루소서 주님 발 앞에 엎드리니 나의 맘속을 살피시사 눈보다 희게 하옵소서

주님의 뜻을 이루소서 병들어 몸이 피곤할 때 권능의 손을 내게 펴사 강건케 하여 주옵소서

주님의 뜻을 이루소서 온전히 나를 주장하사 주님과 함께 동행함을 만민이 알게 하옵소서

찬송가 '주님의 뜻을 이루소서'입니다. 이 찬송시를 쓴 아델라이데 에디슨 폴라드(Adelaide Addison Pollard) 여사는 당뇨와 신경 계통의 병으로 많은 고통을 겪었으나 그런 중에도 아프리카 선교사로 가기를 서원했습니다. 그녀는 자신의 모든 것을 바쳐서 복음을 전하는 일에 헌신하면, 모든 길이 형통할 것이라고 생각했습니다. 하지만 생각과 달리 그녀의 길은 열리지 않았으며, 아프리카 선교를 위한 모금 운동도 중단되고 말았습니다. 그녀는 하나님이 왜 자신의 간구를 듣지 않으시는지, 과연 자신의 기도를 듣기는

하시는지, 원망이 되어 마음이 복잡했습니다.

그러던 어느 날 기도회에 참석했다가 어느 할머니의 기도를 듣고 그녀를 괴롭히던 불평과 불만, 갈등과 괴로움이 순식간에 사라지는 경험을 했습니다.

"주님, 우리의 삶 가운데 어떤 일이 일어나도 좋사오니, 주님의 뜻과 섭리만이 우리에게 이루어지게 하옵소서."

할머니의 이 기도 속에서 폴라드 여사는 하나님의 음성을 들었습니다. 하나님의 일을 한다고 하면서 내 뜻과 내 능력, 내 방법으로 하려던 지난날들이 얼마나 어리석고 잘못되었는지를 깨달은 것입니다.

기도회를 마치고 돌아오는 내내, 할머니의 기도 소리가 그녀의 귓가에서 사라지지 않았습니다. 집으로 돌아와 예레미야서를 읽다가 "내가 토기장이의 집으로 내려가서 본즉 그가 녹로로 일을 하는데 진흙으로 만든 그릇이 토기장이의 손에서 터지매 그가 그것으로 자기 의견에 좋은 대로 다른 그릇을 만들더라"(18:3-4)는 말씀에서 큰 은혜를 받았습니다.

그 밤 폴라드 여사는 밤을 새워 찬송시를 지었습니다. 바로 찬송가 '주님의 뜻을 이루소서'입니다. 그리고 그날 이후 폴라드 여사는 남은 생애를 오직 하나님의 뜻에 맡기고 마지막 숨을 거둘 때까지 남아프리카 케이프타운의 선교사로 전도사역에 헌신했습니다.

신실한 크리스천이란 자신의 인간적인 능력을 의지하지 않는 사람입니다. 인간의 오만한 힘과 능력, 혹은 특권이 하나님의 주권적인 통치를 능가할 수는 없습니다. 신실한 사람들은 다윗처럼 즐거이 하나님을 경배하며 신뢰하고 찬양합니다. 그것 말고 무엇을 할 수 있다는 말입니까?

우리도 인생 여정에서 이해할 수 없는 일들을 종종 만납니다. 하지만 어떤 상황에서든 하나님의 주권을 인정하면 됩니다. 교회 안에서 왜 문제가 생기는 줄 압니까? 인본주의 신앙 때문입니다. 인본주의 신앙을 가지면 모든 일을 자기중심적으로 해석합니다. 혹은 개교회 중심적인 해석을 하게 됩니다. 나와 내 교회만 중요하고 옳다는 독선주의에 빠지기 쉬운 겁니다.

신본주의 신앙을 갖게 되면, 나누어 주는 교회가 됩니다. 하나님이 교회를 통해 하기 원하시는 것을 알기에 그럴 수밖에 없습니다.

하나님의 주권을 인정해야 합니다. 하나님의 인도하심을 믿어야 합니다. 하나님은 우리를 선한 길, 구원의 길로 인도하십니다.

# 18장
## : 입술의 고백대로 이뤄 주신다

나의 힘이신 여호와여 내가 주를 사랑하나이다 여호와는 나의 반석이시요 나의 요새시요 나를 건지시는 이시요 나의 하나님이시요 내가 그 안에 피할 나의 바위시요 나의 방패시요 나의 구원의 뿔이시요 나의 산성이시로다
시 18:1-2

여호와는 나의 목자시니 내게 부족함이 없으리로다 시 23:1

여호와는 나의 빛이요 나의 구원이시니 내가 누구를 두려워하리요 여호와는 내 생명의 능력이시니 내가 누구를 무서워하리요 시 27:1

다윗은 "여호와는 나의 목자시니 내게 부족함이 없으리로다"(시 23:1)라고 고백했습니다. 그런데 시편 23편은 다윗이 왕이 되어 커피 한 잔 들고 왕궁을 거니는 한가한 때에 지은 시가 아닙니다. 편안할 때, 아무런 걱정이 없을 때, '내가 부족함이 없다'고 말한 것이 아니란 얘기입니다. 도리어 죽을 고비를 수없이 넘기며 쫓겨 다니는 중에 이 고백을 했습니다. 기가 막히지 않습니까? 그런 상황에서 누가 그런 고백을 할 수 있겠습니까?

다윗은 그 고백대로 부족함이 없는 사람이 되었습니다. 그래서 순간순간 드리는 우리의 신앙고백이 너무나 중요합니다. 그 신앙고백대로 이루어지기 때문입니다.

잠언 18장 21절은 "죽고 사는 것이 혀의 힘에 달렸나니

혀를 쓰기 좋아하는 자는 혀의 열매를 먹으리라"고 했습니다. '내 입에서 무슨 말이 나오나'가 내 신앙의 현주소입니다. "아, 미치겠네. 죽겠네" 하면 죽습니다. "나는 아무래도 망할 것 같아" 하면 망합니다. 말대로 됩니다. 혀의 힘이 얼마나 무서운지 모릅니다.

로마서 10장 10절은 "사람이 마음으로 믿어 의에 이르고 입으로 시인하여 구원에 이르느니라"고 했습니다. 입으로 시인하는 것이 이토록 중요합니다. 그러므로 입술로 "하나님이 우리 가정을 축복하십니다. 우리 자녀들을 축복하십니다. 우리 교회를 축복하십니다" 같은 축복의 말을 하시기 바랍니다.

다윗은 시편에서 순간순간 믿음의 고백을 하고 있습니다. 사울에 쫓길 때도, 압살롬의 반역으로 도망 다닐 때도, 간음죄를 저지르고 났을 때도, 왕이 되었을 때도, 다윗은 믿음의 고백을 했습니다. 다윗의 이 같은 중심을 보시고 하나님은 그를 마음에 합한 자로 축복하셨습니다.

### 메뚜기 콤플렉스

민수기 13장에는 모세가 열두 정탐꾼을 세워 가나안 지역으로 보낸 뒤 그 결과를 보고 받는 장면이 나옵니다. 이때 정탐꾼 중 10명이 "과연 그 땅은 젖과 꿀이 흐르는 아름다운 땅입니다. 그런데 그 땅 거주민은 강하고 성읍은 견고했습니다. 신장이 장대 같았습니다. 우리는 스스로 보기에도 메뚜기 같으니 그들이 보기에도 그와 같을 것입니다"라고 보고했습니다.

10명의 정탐꾼들이 스스로를 '메뚜기 같다'고 폄하하고 있습니다. 가나안 거주민들이 이스라엘 백성을 본 적이 있어서 메뚜기 같다고 말한 것이 아닙니다. 스스로 그렇게 폄하한 것입니다. 이를 소위 '메뚜기 콤플렉스'라고 합니다. 열등감, 열등의식은 이렇듯 참으로 무섭습니다. 믿음 있는 자라도 이 열등감에 걸려들면 자꾸 '나는 메뚜기 같다'고 말합니다.

예전에 어떤 분이 우리 교회에 왔습니다. 그런데 한 주 나오고는 안 나오겠다는 것입니다. 이유를 물었더니, 주차

장에 고급차들이 많이 있는데 자신은 중고차나 몰고 다녀서 못 나오겠다는 겁니다. 그의 차가 중고차인지 고급차인지 아무도 신경 쓰지 않는데 스스로 열등감에 걸려들어서 부끄러워한 것입니다.

우리는 천지만물의 창조주요 주인이신 하나님의 자녀입니다. 그런 우리가 무엇이 부족해서 열등감을 가진단 말입니까? 어떤 사람이 나이아가라 폭포에 가서 "내가 이 나이아가라 주인의 아들"이라고 큰소리쳤답니다. 주변에 있던 사람이 나이아가라도 주인이 있느냐고 물으니까 그가 하는 말이 "내가 하나님의 자녀"라고 했답니다. 적어도 이 정도의 자신감은 있어야지요.

저는 어디를 가도 자신이 있습니다. 미국에 살면서도 기가 안 죽습니다. 여기는 우리 아버지 하나님 땅 아닙니까? 그러니 내 땅인 것입니다. 아프리카를 가든, 러시아를 가든, 항상 내 집이라고 생각합니다. 절대로 남의 나라에 왔다고 생각하지 않습니다. 우리가 하나님의 상속자 아닙니까?

10명의 정탐꾼은 스스로를 '메뚜기 같다'고 한 말대로 가나안에 들어가지 못했습니다. 하지만 나머지 두 명의 정탐꾼, 즉 여호수아와 갈렙의 보고는 그들과 달랐습니다.

"심히 아름다운 땅입니다. 여호와께서 그 땅을 우리에게 주실 것입니다. 그들은 우리의 밥입니다."

밥을 보고 무서워하는 사람이 있습니까? 밥을 보고 벌벌 떠는 사람이 있다면 그는 병자입니다. 건강한 사람은 밥을 보면 식욕이 돌아야 합니다. '그들은 우리의 밥'이라는 말은 해 볼 만하다, 능히 이길 것이다라는 뜻입니다. 왜 그렇습니까? 하나님이 함께하시니까요. 여호수아와 갈렙은 믿음의 고백을 한 것입니다. 그 입술의 고백대로 여호수아와 갈렙은 젖과 꿀이 흐르는 가나안 땅에 들어갔습니다.

부정적인 말은 우리 입술에서 사라져야 합니다. '안 된다' 하지 말고 '된다, 하면 된다, 할 수 있다'는 말만 합시다. 왜 그렇습니까? 하나님이 "내게 능력 주신 자 안에서 내가 모든 것을 할 수 있다"고 분명히 말씀하셨기 때문입니다. 내가 하는 것이 아닙니다. '할 수 있다'는 믿음의 고백을 들으시고, 그 마음의 중심을 보시고 하나님이 그렇게 하시는 것입니다. 우리가 할 수 있는 것은 아무것도 없습니다. 오직 우리 주님이 하시는 것입니다.

### 입술의 고백이 그대로 인생이 된다

오랄 로버트(Oral Roert)라는 목사님이 죽을병에 걸렸을 때의 일입니다. 하루는 그의 어머니 친구들이 와서 "로버트야, 요한3서 1장 2절을 만 번 읽고 묵상해라. 꼭 만 번 읽어 보아라"고 권면했습니다.

> 사랑하는 자여 네 영혼이 잘됨같이 네가 범사에 잘되고 강건하기를 내가 간구하노라 요삼 1:2

그는 어차피 죽을병에 걸린 몸, 시키는 대로 한 번 해 보자 싶어 이 말씀을 외우기 시작했습니다. 그런데 이게 웬일입니까? 만 번째 읽고 외우는 가운데 몇 만 볼트의 전기로 감전된 것 같은 엄청난 떨림 현상이 일어났습니다. 그리고 그 순간 병마가 떠나갔습니다.

저는 유학을 와서 주님을 만났는데, 저희 집은 예수를 믿지 않는 불신자 집안이었습니다. 제가 예수 믿고 신학교에 간다고 하니까 부모님은 "자식 하나 없는 셈 치겠다" 하고 형들은 "동생 하나 없는 셈 치겠다"고 했습니다. 가족에게서 내침을 받은 것입니다. 뿐만 아니라 같이 유학생활 하던 친구들도 "제정신이 아니다"면서 모두 제 곁을 떠났습니다.

당시 교회 기도실에서 먹고 자며 6개월을 살았는데 노숙자가 따로 없었습니다. 슬리핑백 하나 가지고 기도실에 들어가 기도하다 자고 그랬습니다. 가족도 친구도 다 떠나고 버려진 상태였는데도 그 시절 참 좋았습니다. 주님을 만나니까 마음에 기쁨이 넘쳐서 두려움이 없었습니다. 육신적으로는 완전히 망했지만 영적으로는 성공한 것입니다.

그때 저는 틈만 나면 시편 23편을 묵상했습니다. 주야로 읊조렸습니다.

여호와는 나의 목자시니 내게 부족함이 없으리로다 그가 나를 푸른 풀밭에 누이시며 쉴 만한 물가로 인도하시는도다 내 영혼을 소생시키시고 자기 이름을 위하여 의의 길로 인도하시는도다 내가 사망의 음침한 골짜기로 다닐지라도 해를 두려워하지 않을 것은 주께서 나와 함께하심이라 주의 지팡이와 막대기가 나를 안위하시나이다 주께서 내 원수의 목전에서 내게 상을 차려 주시고 기름을 내 머리에 부으셨으니 내 잔이 넘치나이다 내 평생에 선하심과 인자하심이 반드시 나를 따르리니 내가 여호와의 집에 영원히 살리로다 시 23:1-6

그때나 지금이나 제가 기도하는 내용이 있습니다.

"하나님, 가난한 성도와 가난한 주의 종, 가난한 교회를 도울 수 있는 주의 종이 되게 하여 주옵소서. 하나님, 계속해서 도울 수 있고, 나누어 줄 수 있는 주의 종이 되게 하여 주시옵소서."

저는 아무것도 가진 것이 없지만 단 한 번도 부족하다고 생각해 본 적이 없습니다. 시편 23편의 말씀이 그대로 제 인생이 된 것입니다. 우리의 입술로 고백한 그것이 그대로 인생이 됩니다. 하나님은 우리가 입술로 표현한 신앙고백을 들으시고 역사해 주십니다.

저는 믿음으로 매일 성도들을 축복하며 기도합니다. "세계 선교를 위하여 은혜교회 성도들 중에 앞으로 세계적인 기업가가 나오게 하옵소서! 시간과 물질의 자유함을 얻고 마음껏 하나님의 일을 할 수 있는 헌신자들이 되게 하옵소서! 우리 자녀들이 위대한 크리스천 지도자로 세워지게 하옵소서!"

또한 저는 "제 생전에 우리 한인들 가운데 크리스천 대통령이 나오게 하여 주시옵소서"라고 믿음으로 기도하고 있습니다. 한인 대통령 취임식 때는 지팡이를 짚고서라도 꼭 가서 축복할 것입니다. 또 "평양의 대광장에서 부흥회하는 날을 주시옵소서"라고 기도하고 있습니다. 1907년 평양의 장대현교회에 성령의 불이 임하자 큰 부흥의 역사가 일어났습니다. 이런 부흥의 역사가 다시 한 번 펼쳐지기를 하나님께 기도하고 있습니다.

다윗처럼 믿음으로 고백하십시오. 그리고 주님의 영광

가운데 모든 것이 이루어질 것을 믿으십시오 하나님은 믿음의 신앙고백을 하는 우리의 중심을 보시고, 우리를 통해 위대한 역사를 이루어 가실 것입니다.

# 19장
## : 그의 이름을 높이는 자와 함께하시는 하나님

다윗이 블레셋 사람에게 이르되 너는 칼과 창과 단창으로 내게 나아오거니와 나는 만군의 여호와의 이름 곧 네가 모욕하는 이스라엘 군대의 하나님의 이름으로 네게 나아가노라 삼상 17:45

### 자격이 아닌 중심을 보시는 하나님

사무엘상 17장을 보면, 이스라엘이 블레셋과 전쟁을 벌이고 있습니다. 블레셋에 골리앗이란 장수가 있는데, 키가 무려 9피트, 즉 3m에 가까웠습니다. 그가 입은 갑옷의 무게만도 126파운드, 즉 57kg에 달했습니다. 웬만한 사람의 몸무게입니다. 어마어마한 거구의 사람입니다. 이 골리앗이 하나님의 군대를 모욕했습니다.

> 너희는 한 사람을 택하여 내게로 내려보내라 그가 나와 싸워서 나를 죽이면 우리가 너희의 종이 되겠고 만일 내가 이겨 그를 죽이면 너희가 우리의 종이 되어 우리를 섬길 것이니라 삼상 17:8-9

이스라엘의 모든 사람이 이 골리앗을 보고 두려워 떨고 있었습니다. 도저히 골리앗과 싸워 이길 승산이 없어 보였기 때문입니다. 성경은 '그 앞에서, 즉 골리앗이 무서워 도망했다'고 말씀하고 있습니다.

이때 다윗이 나섰습니다. 전쟁터에 나가는 대신 아버지의 양을 쳤던 것을 보면 당시 다윗은 나이가 어렸던 모양입니다. 사울이 '너는 소년이라 저 블레셋 사람과 싸울 수 없을 것'이라고 말한 것을 보더라도 다윗은 어린 소년이었습니다. 그 자리에 다윗이 있었던 것도 아버지 심부름 때문이었습니다. 형들의 안부도 살피고 점심도 가져다주라는 아버지의 심부름을 온 것입니다.

다윗이 가서 보니까 꼴이 말이 아니었습니다. 골리앗은 거만하게 창을 휘두르며 이스라엘을 모욕하며 자극하고 이스라엘의 군대는 무서워 떨고만 있는 겁니다. 순간 다윗은 '이 할례 받지 않은 블레셋 사람이 누구이기에 살아 계신 하나님의 군대를 모욕하느냐'며 분노를 터뜨립니다. 이 말을 듣고 큰형 엘리압이 '들에 있는 양들을 누구에게 맡기고 전쟁을 구경하러 왔느냐'면서 다윗을 대놓고 무시합니다.

하지만 다윗이 골리앗과 싸우겠다고 나서자 사울왕이 마지못해 허락합니다. 사울왕이 얼마나 다급했으면 어린 소년인 다윗에게 '한번 해 보라' 했겠습니까? 결국 다윗이 심부름 왔다가 졸지에 골리앗과 싸우러 나갑니다. 이때 다윗이 뭐라고 말하는지 보십시오.

> 다윗이 블레셋 사람에게 이르되 너는 칼과 창과 단창으로 내게 나아오거니와 나는 만군의 여호와의 이름 곧 네가 모욕하는 이스라엘 군대의 하나님의 이름으로 네게 나아가노라 삼상 17:45

얼마나 통쾌합니까? 이 얼마나 멋진 신앙고백입니까? 이스라엘의 모든 장수들이 두려워 떨었지만, 다윗은 담대했습니다. 바로 하나님의 이름을 높이는 중심을 다윗은 가지고 있었기 때문입니다.

나이도 어렸고 힘도 부족했습니다. 사울왕이 자기의

갑옷을 입히려고 했지만, 맞지도 않거니와 불편해서 벗어 버렸습니다. 갑옷도 안 입고 칼도 안 차고, 물맷돌 다섯 개만 가지고 나아갔습니다. 말이 됩니까? 인간적인 눈으로 보면, 그야말로 웃기지도 않은 일입니다.

하지만 다윗은 하나님을 모욕하는 소리를 듣고 가만있을 수 없었습니다. 그의 마음은 하나님의 이름을 높이고 싶은 열망으로 불타올랐습니다. 그리고 만군의 여호와인 하나님을 믿고 나아갔습니다.

> 주의 종이 사자와 곰도 쳤은즉 살아 계시는 하나님의 군대를 모욕한 이 할례 받지 않은 블레셋 사람이리이까 그가 그 짐승의 하나와 같이 되리이다 또 다윗이 이르되 여호와께서 나를 사자의 발톱과 곰의 발톱에서 건져 내셨은즉 나를 이 블레셋 사람의 손에서도 건져 내시리이다 삼상 17:36-37

하나님의 이름을 높이는 중심을 가진 다윗을 하나님이 함께해 주셨습니다. 다윗은 시냇가에서 매끄러운 돌 다섯을 골라 주머니에 넣고 나아갑니다. 물매는 다윗이 맹수를 잡을 때 사용하던 도구입니다. 달리는 맹수도 잡은 실력이었으니 엄청나게 거구인 골리앗을 맞히기는 어렵지 않았을 것입니다. 놀랍게도 다윗은 단 한 번에 골리앗을 쓰러뜨렸습니다.

믿음의 눈으로 보면 무서울 게 없습니다. 하나님의 이름을 높이려고 하면, 하나님이 지혜도 주시고 길도 열어 주셔서 승리하게 하십니다. 하나님은 하나님의 이름을 높이는 자를 기뻐하시기 때문입니다.

이스라엘 군대에 수많은 군사와 장수가 있었지만, 하나님의 이름을 높이고자 하는 중심이 없는 사람을 하나님이 들어 쓰실 수는 없었습니다. 어린 소년에 불과하지만 하나님의 이름을 높이고자 하는 그 중심을 보시고 하나님은 다윗을 사용하셨습니다.

하나님의 이름을 높이는 삶을 삽시다. 하나님을 높이는 삶은 하나님의 이름을 드러내는 삶입니다. 나의 삶 속에서 하나님의 이름을 드러내야 합니다. 이것이 위대한 간

증자의 삶입니다. "하나님이 이렇게 하셨습니다. 하나님이 내 사업에 이런 역사를 일으켜 주셨습니다. 우리 자녀에게 하나님이 이렇게 역사하셨습니다. 우리 교회에 하나님이 이런 일을 하셨습니다." 이렇게 끊임없이 하나님의 이름을 드러내기를 바랍니다. 자꾸 드러내야 합니다. 그럴 때 하나님이 기뻐하십니다.

올림픽이나 월드컵에서 선수들이 우승을 한 후 세레머니로 무릎을 꿇고 기도하는 모습을 보면 가슴이 뭉클합니다. 이러한 것이 곧 하나님을 높이는 일입니다.

저는 비행기를 타면 옆자리에 앉은 사람에게 관심이 참 많습니다. 예수를 믿는지, 구원에 확신은 있는지 궁금합니다. 그리고 어떻게든 말을 걸어 전도를 하거나 안수로 기도해 주거나 합니다. 그렇게 해서 각계각층의 많은 사람들이 복음을 듣고 예수님을 믿게 되었습니다.

언젠가 캐나다 밴쿠버에 갔다가 전경이 아주 좋은 산꼭대기에 오른 적이 있습니다. 거기서 한복을 입은 한 무리의 사람들을 만났습니다. 다가가 물어보니 한국에서 온 무속

인들이었습니다. 저는 대표자를 찾아 전도를 했습니다.

"저는 LA에서 목회를 하고 있는 한기홍 목사입니다. 반갑습니다. 예수를 믿으셔야지요."

그러자 그분이 만만찮게 응대합니다.

"저도 사명자입니다. 교회에 다니는 사람들도 저에게 많이 옵니다. 저도 젊었을 때는 교회 성가대원까지 했습니다."

그분은 애를 낳다가 귀신이 들어왔는데 그때부터 뭐가 막 보이고 점을 치면 용하게 맞혔다면서 "같은 사명자들끼리 잘 가야 합니다" 하기에 제가 "아주머니는 교회를 다니셨고 성가대까지 하셨으니, 이미 하나님이 점찍어 놓으신 하나님의 딸입니다. 지금은 어떤지 몰라도, 예수님께로 꼭 돌아오실 줄 믿습니다" 했습니다.

물론 그분이 바빠 자리를 뜨는 바람에 더 이상 복음을 전할 수는 없었습니다. 하지만 하나님의 이름을 높여 드리겠다는 마음만 있으면 언제든 어디서든 전도할 수 있습니다. 그러므로 두려워하지 말고 담대하십시오.

### 그의 이름을 높이는 자가 승리한다

열왕기상 18장에도 엘리야 선지자가 하나님의 이름을 의지하여 승리하는 이야기가 나옵니다. 엘리야가 여호와의 말씀을 듣고 당당하게 아합왕 앞에 섰습니다. 이세벨이 여호와의 선지자들을 멸할 때 바알에게 무릎을 꿇지 않은 7천 명이 있었습니다. 순수한 신앙을 가진 사람들이었습니다. 하지만 이들은 숨어 있었습니다. 그런데 엘리야는 아합왕 앞에 나타났습니다. 이것은 자기 목숨을 내어 놓은 것과 마찬가지였습니다.

> 여호와가 만일 하나님이면 그를 따르고 바알이 만일 하나님이면 그를 따를지니라… 너희는 너희 신의 이름을 부르라 나는 여호와의 이름을 부르니 이에 불로 응답하는 신 그가 하나님이니라
> 왕상 18:21-24

850명의 바알과 아세라 선지자들이 갈멜산에 모였습니다. 그들이 먼저 송아지를 잡아 바알과 아세라에게 제사

를 지낸 뒤 불을 내려 달라고 기도했습니다. 아침부터 밤까지 큰 소리를 지르며 응답을 구했으나 아무 소용이 없었습니다. 칼과 창으로 자해하면서까지 미친 듯이 떠들었으나 그래도 소용없었습니다. 당연합니다. 귀신이 어떻게 불로 응답을 하겠습니까?

엘리야는 혈혈단신이었으나 여호와의 이름을 의지하여 돌로 제단을 쌓고 간절히 기도했습니다. 그러자 하늘에서 불이 내려왔습니다.

> 아브라함과 이삭과 이스라엘의 하나님 여호와여 주께서 이스라엘 중에서 하나님이신 것과 내가 주의 종인 것과 내가 주의 말씀대로 이 모든 일을 행하는 것을 오늘 알게 하옵소서 여호와여 내게 응답하옵소서 내게 응답하옵소서 이 백성에게 주 여호와는 하나님이신 것과 주는 그들의 마음을 되돌이키심을 알게 하옵소서 하매 이에 여호와의 불이 내려서 번제물과 나무와 돌과 흙을 태우고 또 도랑의 물을 핥은지라 왕상 18:36-38

하나님의 이름을 높이는 사람에게 주님이 함께하십니다. 조그마한 사업을 할지라도 하나님의 이름을 높여 드리십시오. 어떻게든지 이 사업장을 통하여 하나님의 이름을 높이기를 간구하십시오. 어느 직장, 어느 부서에 있든지 하나님의 이름을 높이는 삶이 되어야 합니다. 그러면 하나님이 지혜도 주시고 능력도 주셔서 역사하실 줄 믿습니다.

선교는 모든 열방이 주님 앞에 돌아와서 예배하는 것을 말합니다. 모든 족속이 주님 앞에 돌아와서 하나님을 경배하고 그 이름을 높여 드리는 것이 선교입니다. 주님의 이름이 온 땅에서 영광을 받고 높임을 받으셔야 합니다.

저는 목회를 시작하면서 하나님께 "미주를 깨우라"는 말씀을 들었습니다. 그때부터 놀라운 일이 벌어졌습니다. 알지도 못하는 목사님들과 교회, 선교단체 등에서 계속 집회 요청이 들어왔습니다. 그리고 가는 곳마다 하나님이 참으로 놀라운 은혜를 베풀어 주셨습니다.

'미주를 깨우'는 일은 침체된 미국 교회들을 깨우는 부흥운동을 일으키는 것입니다. 성도들이 하나님의 이름을 높이는 삶을 살도록 깨우는 것이라고 생각합니다. 우리가 깨어 있지 못하므로 교회마다 분쟁이 일어나고 문제가 생기는 것입니다. 교회의 분열 소식을 들을 때마다 참으로 안타깝고 가슴이 아픕니다.

"미주를 깨우라"는 사명을 받은 뒤부터 저는 샌디에이고 갈보리교회에서부터 한국과 미국을 깨우는 중보기도운동을 시작하였습니다. 특별히 자마(JAMA; Jesus Awakening Movement of America, 미국과 세계를 깨우기 위한 '예수대각성운동')의 김춘근 장로님과 강순영 목사님과 함께 동역하며 '자마 중보기도 컨퍼런스'를 통해 미주 지역을 순회하면서 미국을 위한 기도를 계속 해왔습니다.

2015년, 북미주 4500개 한인 교회들을 섬기는 미주 한인기독교 총연합회의 대표회장으로 사역할 때입니다. 미국의 7대 도시(LA, 애틀랜타, 달라스, 뉴욕, 버지니아 워싱턴 D.C., 시카고, 시애틀)를 순회하면서 지역 교회협의회와 연합하여 동성 결혼 합법화 저지를 위한 기도회를 인도하고 있을 때, 미국 국가기도의 날에 대표기도를 해 달라는 초청을 받게 되었습니다.

미국에서 국가기도의 날은 역사적으로 나라를 위해 해마다 매년 5월 첫째 주 목요일에 진행되는 의미 있는 기도회입니다. 이날은 3만 4천여 곳에서 동시에 기도회가 열리는 매우 큰 행사입니다.

특별히 워싱턴 D.C.에서 열리는 기도회는 지도자들이 모인 가운데 90개국에 생중계로 방송이 되는, 전 세계적인 관심 속에 진행되는 중요한 자리입니다. 그런 자리에서 미국 국가기도의 날이 제정된 지 64년 만에 한인 목사로는 처음으로 대표기도를 맡게 된 것입니다.

평안하고 좋을 때는 영광된 자리를 감사하며 받겠지만 당시 상황은 매우 부담되고 어려웠습니다. 그 다음 달에 연방 대법원에서 동성 결혼 합법화에 대한 판결을 앞두고 있었기 때문입니다.

그 당시 미국의 50개 주 가운데 37개 주에서 이미 동성 간의 결혼이 합법화 되어 결혼 증명서를 발급해 주고 있는 실정이었습니다. 성경적 결혼관에 대적하는 법안의 통과 여부를 놓고 대법원의 판결을 기다리는 시점에서 미국의 수도인 워싱턴 D.C.의 국회의사당에서 4시간에 걸쳐 진행된 기도회에 하나님께서 저를 부르신 것입니다.

동성 결혼을 인정한 교단에 속해 있는 한인 교회들이 심각한 분열과 혼란을 겪고, 신앙의 양심을 가진 판사들은 결혼 증명서에 사인을 해 줄 수가 없어서 스스로 판사직을 사임하는 실정이었습니다.

의인 열 명이 없어서 망해 버린 소돔과 고모라 땅처럼 청교도의 신앙이 흐려지고 종교 지도자들마저 잘못된 것에 대해 생각은 있지만 담대하게 잘못 되었다고 외치지 못하는 현 상황에서 기도하는 자를 통하여 일하시는 주님의 역사하심에 소망을 갖고 안타까운 마음으로 이날을 준비했습니다.

전국에 생중계로 방송이 되는 국가기도회의 날, 저에게 배정된 10분 동안 성경적인 결혼의 정의와 함께 '동성 결혼은 하나님의 법을 대적하는 일'임을 사력을 다하여 기도했습니다. 가정방송사역으로 유명한 제임스 답슨(James Dobson) 박사는 "누구도 언급할 수 없는 용기 있는 기도에 감사를 표한다"면서 "동성애가 잘못된 것임을 인식시키는 좋은 계기가 될 것"이라고 말했습니다.

그러나 기도 후의 저는 '동성 결혼 합법화를 위해 혈안이 된 누군가가 내게 테러를 가하지는 않을까? 내가 살아서 이 도시를 떠나 집으로 갈 수 있을까?' 하고 심정이 복잡했습니다. 그러나 주님이 나와 함께하시며 진리가 승리한다는 확신이 있었습니다.

'내가 죽으면 죽으리라! 하나님의 진리는 생명을 걸더라도 외쳐야 한다!'

안타깝게도 동성 결혼은 합법으로 통과되었지만, 동성 결혼의 주례를 원하는 사람들에게 교회는 교회법이 우선일 수 있다는 판례법을 적용할 수 있게 되었습니다. 하나님은 우리의 간절한 기도를 들으셨고 하나님의 시간에 하나님의 방법으로 완전하게 시행하실 것을 확신합니다.

AP통신, 뉴스 와이어 등 미국의 주요 언론사에서도 국가기도의 날 기도한 내용이 크게 이슈가 되었습니다.

아래는 기사 내용 중 일부를 번역한 글입니다.

> WASHINGTON(AP통신)_'대법원이 동성 결혼을 전국적으로 합헌화 할 것'이라는 두려움이 워싱턴에서 있었던 국기기도모임을 덮었다. 국회의사당에서 4시간 동안 지속된 기도모임에서 기도자 중 한 명인 한기홍 목사는 대법원 판사들이 각 주들이 동성 결혼을 금지시키도록 기도하였다.

하나님의 이름을 높이기만 하면, 주님이 우리를 책임지시고 축복해 주십니다. 하나님의 이름을 높이는 교회, 하나님을 높여 드리는 성도들이 될 때, 하나님은 우리를 통해 놀라운 역사를 이루어 가십니다. 이 지역을 섬기고, 이웃 교회들을 섬기고, 수많은 불신자들을 주님 앞에 인도하고, 주님의 제자를 세우게 하실 것입니다.

# 20장
## : 경건에 이르는 연습

이는 다윗이 헷 사람 우리아의 일 외에는 평생에 여호와 보시기에 정직하게 행하고 자기에게 명령하신 모든 일을 어기지 아니하였음이라 왕상 15:5

다윗은 밧세바와 간음하고 난 후 철저히 회개하며 평생 경건한 삶을 살았습니다.

열왕기상 1장에는 다윗의 노후 생활이 기록되어 있습니다. 다윗이 나이가 많아 늙으니 이불을 덮어도 따뜻하지 않자, 신하들이 아리따운 처녀를 데려다가 왕을 따뜻하게 품게 했습니다. 하지만 다윗은 이 처녀와 잠자리를 같이하지 않았습니다. 다윗에겐 경건하게 살고자 하는 중심이 있었기 때문입니다. 이것이 다윗의 귀한 점입니다. 회개했으면 죄를 버려야 합니다. 다시는 반복하지 말아야 합니다.

성경의 인물들 중 여자 때문에 망한 사람이 많습니다. 솔로몬도 여자 때문에 망했습니다. 후궁이 천 명이나 되었습니다. 삼손도 들릴라한테 빠져서 망했습니다. 반면에 요셉은 보디발 아내의 유혹을 받아 망할 뻔했으나 물리치고 도망쳐 나왔습니다.

## 경건생활을 위해 살펴볼 몇 가지

경건생활에 성공하려면, 먼저 가정이 화목해야 합니다. 부부가 화목해야 합니다. 가정에 문제가 있으면, 사탄이 꼭 그 틈을 이용합니다. 남편한테 시달림을 받으면, 다른 남자들이 좋아 보입니다. '저런 사람하고 한번 살아 봤으면' 하는 마음이 생깁니다. 한편 아내가 핍박하면, 다른 여자들이 다 예뻐 보이고 아내는 원수처럼 보입니다.

'부부생활에는 곰 다섯 마리(Five Bear)가 있어야 한다'는 영어식 유머가 있습니다. 'a bear'는 '곰 한 마리'란 뜻도 있지만 동시에 'bear' 즉 '참는다'는 뜻도 있습니다. 'forbear' 역시 참는다는 의미입니다. 이는 '곰 네 마리' 즉 'four bear'와 발음이 똑같습니다. 무슨 이야기입니까? 부부생활에는 참고 또 참는 인내가 반드시 필요하다는 얘기입니다. 모든 부부가 도살장에 끌려가는 어린양 예수 그리스도처럼 참는다면 모든 가정이 화목할 것입니다.

가정이 화목하고 하나되는 것이 제일 중요합니다. 기도 많이 한다면서 남편이나 아내더러 "사탄아 물러가라" 하면 안 됩니다. 하나님은 화목한 부부를 기뻐하십니다.

경건생활에 성공하려면, 또한 보는 것을 잘 관리해야 합니다. 무엇을 보느냐가 굉장히 중요합니다. 다윗이 실수한 것도 밧세바가 목욕하는 것을 보았기 때문입니다. 오늘날 음란 사이트가 얼마나 많은지 모릅니다. 이메일로도 음란물이 무작위로 옵니다. 아이들까지도 무방비로 노출되어 있다 보니 보지 않을 도리가 없습니다.

그래서 어느 때보다 하나님 말씀을 잘 보아야 합니다. 어떻게든지 성경을 읽고 듣고 배우려고 노력해야 합니다. 그런데 성경만 보려면 왜 그렇게 할 일이 많은지 모르겠습니다. 사탄이 방해하는 것이지요. 그럼에도 말씀이 심령 속에서 살아 움직일 수 있도록 날마다 묵상하기를 힘쓰십시오. 성경뿐 아니라 경건 서적이나 크리스천 영화와 연극을 즐겨 보십시오.

미국의 한 변호사가 세인트루이스를 여행하던 중 주일을 맞아 예배드리기 위해 교회를 찾다가 거리에서 교통순경을 만났습니다.

"수고하십니다. 다름이 아니라 이 근처 교회를 찾고 있는데 좀 알려 주시겠습니까?"

교통순경이 친절하게 한 교회를 소개해 주었습니다. 변호사는 그가 알려 준 교회를 찾으러 가다가 몇 군데의 교회를 지나치게 되었습니다. 변호사는 속으로 의아하게 생각했습니다.

'거리상 더 가까운 교회가 있는데 왜 소개해 주지 않은 걸까?'

예배를 마치고 돌아가던 중 변호사는 그 교통순경을 다시 만났고, 궁금한 것을 물었습니다.

"가는 길에 보니까 다른 교회들도 있더군요. 굳이 멀리 있는 그 교회를 소개한 특별한 이유라도 있습니까?"

그러자 교통순경이 이렇게 대답했습니다.

"이 지역에서 어느 교회가 좋은 교회인지 제가 직접 가 보지 않아서 잘 알지 못합니다. 하지만 주일 아침마다 교통정리를 하면서 보니까 그 교회에 다니는 교인들의 표정이 가장 밝아 보였습니다. 그리고 교통정리하는 저에게 그들은 차창 밖으로 꼭 한마디씩 하고 가더군요."

"한마디라고요? 그들이 뭐라고 했습니까?"

"'감사합니다' 했습니다."

"감사합니다?"

"그렇습니다. 그래서 그 교회가 분명 좋은 교회라는 확신이 들었고, 선생님께 자신 있게 소개할 수 있었던 겁니다."

다음으로 경건생활에 성공하려면, 말을 잘해야 합니다. 우리 입 밖으로 나오는 말이 너무나 중요합니다.

> 무릇 더러운 말은 너희 입 밖에도 내지 말고 오직 덕을 세우는 데 소용되는 대로 선한 말을 하여 듣는 자들에게 은혜를 끼치게 하라
> 엡 4:29

말 때문에 서로 상처를 주고, 시험에 들 때가 많습니다. 은혜가 되고 덕이 되는 말을 해야 합니다. 그러려면 말에 절제가 필요합니다.

다큐멘터리 〈말의 힘〉에서 한 가지 실험을 했습니다. 두 개의 유리병에 흰쌀밥을 넣은 뒤 한쪽 유리병에는 '고맙습니다'를 붙여 놓고 때마다 "사랑합니다", "감사합니다", "넌 왜 이렇게 예쁘니" 같은 말을 들려주고, 다른 쪽 병에는 '짜증나'를 붙이고 "미워, 짜증나", "뭐 이런 게 다 있어", "재수 없어" 같은 말을 들려주었습니다.

한 달 후, 유리병의 밥이 어떻게 변했는지 확인했습니다. 놀랍게도 '고맙습니다'를 붙여 놓은 유리병의 밥은 하얗고 좋은 누룩 냄새가 나는 곰팡이가 피었고, '짜증나'를 붙인 유리병의 밥에는 썩은 물이 고인 채 냄새가 지독한 곰팡이가 피었습니다. 무생물인 밥도 말의 영향을 이렇게 받는데 하물며 사람은 어떻겠습니까?

그다음 네 번째는, 마음 관리를 잘해야 합니다. "모든 지킬 만한 것 중에 더욱 네 마음을 지키라 생명의 근원이 이에서 남이니라"(잠 4:23)고 했습니다. 또 마음의 묵상이 주께 열납된다고 했습니다. 예수님은 마음을 길가와 가시밭, 돌밭, 옥토 등으로 비유한 뒤 마음이 옥토가 되도록 관리하라고 하셨습니다. 마음이 옥토와 같아야 우리의 심령이 하나님의 말씀에 늘 감동할 수 있습니다.

하지만 사탄이 파고드는 틈도 마음입니다. 끊임없이 별의별 생각을 집어넣어서 마음을 흩트려 놓습니다. 사탄과 싸우는 이 영적 전투에서 승리하려면 마음을 잘 관리해야 합니다.

능력 있는 사역과 전적인 헌신이 이루어지기 위해서는 경건생활이 필수입니다. 이 경건생활은 하나님의 능력으로 이루어집니다. 우리 힘으로는 할 수 없습니다. 우리 힘으로 하려는 것, 그것이 곧 율법입니다. 율법이 아니라 하나님의 은혜로 우리는 경건생활을 할 수 있습니다.

경건에 이르는 연습을 날마다 하십시오. 무엇보다 하나님께 경건생활을 할 수 있도록 간구하십시오. 끊임없이 내가 보는 것과 말하는 것, 내 마음을 잘 살펴 관리하십시오. 그리고 가정이 화목하여 하나가 되고, 교회가 하나되기 위해 서로 중보기도로 격려하십시오.

다윗의 인생은 끝까지 아름다운 모습으로 하나님께 드려진 경건한 삶이었습니다. 우리의 중심을 바로 잡아 경건하게 살려고 애쓰면 주님이 그 마음을 기뻐하시고 성령님의 역사로 거룩한 삶에 초대하십니다.

## 에필로그

사람의 인생은 끝이 좋아야 합니다. 어떤 사람은 처음에는 잘하다가 나중이 잘못되는 사람도 있습니다. 시작은 좋았을 지라도 끝이 잘못되면 결국 그 삶은 실패한 인생이 됩니다.

성경의 사울 왕이나 가룟 유다와 같은 사람들도 시작은 너무도 좋았습니다. 사울 왕은 하나님의 기름 부으심을 받아 이스라엘의 초대 왕이 되었고, 백성들에게 인정도 받은 사람이었습니다. 가룟 유다도 예수님의 12제자 중 한 명으로 재정 사역을 맡을 만큼 인정받은 사람이었습니다. 그러나 그들은 점점 하나님에게서 멀어져서 안타깝게도 비참한 최후를 맞이하여 결국 실패한 인생이 된 것 볼 수 있습니다.

그러나 처음은 부족할지라도 나중이 좋으면 결국 성공하는 인생이 됩니다. 바울은 유대교를 철저히 신봉하며 크리스천들을 극심하게 핍박했던 사람이었지만, 주님을 만난 후에는 복음을 위하여 끝까지 사명을 감당하며 믿음을 지킨 최후의 승리자요, 면류관의 주인공이 된 것을 볼 수 있습니다.

다윗 역시도 나중이 잘된 사람이었습니다.

> 그가 나이 많아 늙도록 부하고 존귀를 누리다가 죽으매 그의 아들 솔로몬이 대신하여 왕이 되니라 대상 29:28

하나님이 다윗을 얼마나 사랑하시고 인정하셨으면 그의 아들 솔로몬이 말년에 우상을 섬기며 하나님 마음을 아프게 하는 잘못된 인생을 살았을 때, 하나님이 징계하시며 "그러나 네 아버지 다윗을 위하여 네 세대에는 이 일을 행하지 아니하고…"(왕상 11:12)라고 말씀하시는 것을 볼 수 있습니다.

다윗은 하나님 마음에 꼭 드는 사람이었기 때문에 자신의 인생뿐만 아니라 후손들까지 복을 받는 축복받은 삶을 살게된 것입니다.

하나님 마음에 꼭 드는 사람으로 사는 삶이 진정으로 성공한 인생입니다. 저는 인생의 성공과 실패 여부는 이 땅에서 나지 않고 천국의 그리스도 심판대 앞에서 결정된다고 믿습니다. 진정한 성공은 하나님 앞에 섰을 때 하나님께 "잘하였도다 착하고 충성된 종아"하는 말씀을 들을 때라고 생각합니다.

목회를 하면 할수록 신앙의 연륜이 더해 갈수록 가슴을 파고 들어오는 생각이 있습니다.

'하나님 마음에 꼭 드는 목사, 하나님 마음에 꼭 드는 사람이 되고 싶습니다.

여호와께 성결이 축복입니다. 거룩함이 능력입니다. 우리 모두가 점점 더 타락해 가는 이 세대 가운데 말씀으로 구별된 삶을 추구하며, 거룩한 영성으로 세상을 변화시키는 은혜의 삶을 살기를 소원합니다.